孩子不爱学习，
妈妈怎么办

（第3版）

仅用5步，彻底解决孩子厌学、贪玩、偏科、不爱写作业、惧怕考试的问题！

鲁鹏程◎著

北京理工大学出版社
BEIJING INSTITUTE OF TECHNOLOGY PRESS

版权专有　侵权必究

图书在版编目 (CIP) 数据

孩子不爱学习，妈妈怎么办 / 鲁鹏程著 . —3 版 . —北京：北京理工大学出版社，2016.7（2022.4重印）

ISBN 978－7－5682－2192－4

Ⅰ．①孩… Ⅱ．①鲁… Ⅲ．①儿童教育－家庭教育 Ⅳ．① G78

中国版本图书馆 CIP 数据核字 (2016) 第 080833 号

出版发行 / 北京理工大学出版社有限责任公司
社　　址 / 北京市海淀区中关村南大街 5 号
邮　　编 / 100081
电　　话 /（010）68914775（总编室）
　　　　　（010）82562903（教材售后服务热线）
　　　　　（010）68944723（其他图书服务热线）
网　　址 / http://www.bitpress.com.cn
经　　销 / 全国各地新华书店
印　　刷 / 保定市中画美凯印刷有限公司
开　　本 / 710 毫米 × 1000 毫米　1/16
印　　张 / 15　　　　　　　　　　　　　　　责任编辑 / 王晓莉
字　　数 / 174 千字　　　　　　　　　　　　文案编辑 / 王晓莉
版　　次 / 2016 年 7 月第 3 版　2022 年 4 月第 12 次印刷　责任校对 / 周瑞红
定　　价 / 25.00 元　　　　　　　　　　　　责任印制 / 马振武

图书出现印装质量问题，请拨打售后服务热线，本社负责调换

序 言

相信天下所有的妈妈都希望自己的孩子热爱学习,都希望自己的孩子在学习上是出类拔萃的。因为学习对一个人来说,实在是太重要了。想成才,想成功,没有"学习"作支撑的话,是很难实现的。

学习,对于孩子来说,不仅是他做学生时所必须从事的一份"职业",更是他一生应该追求的"事业",所谓"活到老,学到老"说的就是这个道理。著名教育家埃得加·富尔指出:"21世纪的文盲不再是目不识丁的人,而是不会学习的人。"学习,已经成为一种能力。也就是说,学习的最终目的,并不是掌握知识,考高分,上名校,拿高学历,而是学会学习,让自己具备强大的学习能力。因为学习力就是竞争力,只有具备这种能力,孩子才会在激烈的社会竞争中立于不败之地。

很多妈妈也知道孩子学习的重要性,所以就把几乎所有的精力都倾注到了孩子身上,给他创造了"最好"的学习条件、环境,今天送他去特长班,明天送他去才艺班,后天送他去奥数班、英语班……费尽心思给他请家教,托关系让他上名校,甚至做全职的"陪读妈妈"……

不过,让妈妈们感到心寒的是,孩子对于这些做法并不领情。在这些妈妈看来,孩子变得越来越不爱学习了,对学习越来越没有"兴趣"了,一提到学习,孩子就头疼,一有机会,孩子就在课堂上"溜号",甚至是逃离课堂……面对这种情况,很多妈妈感到头疼、无奈,怎么办?

实际上，在学习上，每个孩子都是天才，都有巨大的潜能没有发挥出来。做妈妈的应该启发他，激励他，引导他，从而挖掘出他强大的学习潜能。那么，具体来说，面对"不爱学习"的孩子，妈妈应该怎么办呢？

这也是我们策划创作《孩子不爱学习，妈妈怎么办》这本书的原因。在这本书中，我们向广大的父母阐述了孩子的学习动机、学习兴趣、学习态度、学习方法、学习习惯、智力开发、作业辅导、应试准备等方面的内容，并给妈妈们提供了一些可操作性的方法与建议，从而帮助广大妈妈们有针对性地对孩子进行培养，让孩子变得"爱学习"。

在细节上，本书紧紧围绕"孩子不爱学习"这个中心，介绍了案例、方法、趣味亲子阅读等方式，帮助妈妈们让孩子尽快回归到学习的轨道上来，并让他们重视学习，学会学习，热爱学习。

最后，我们衷心地希望每个孩子都能爱上学习，都能健康成长；希望每一位妈妈都能轻松愉快地教育孩子，做最好的妈妈。

目录
CONTENTS

第一章　我为什么要学习啊？——孩子学习的动机是什么

学习，不是为了爸爸妈妈！——要让孩子明白他是为谁而学习 / 003

学习就是为了以后挣大钱？——让孩子明白他学习是为了什么 / 006

他们很厉害，我比不过他们！——有智慧地激励孩子学习 / 009

学习太辛苦了，我不想学了！——引导孩子学会轻松地学习 / 012

妈妈老是催我去学！——掌握让孩子主动学习的一些方法 / 015

第二章　学习真是没意思啊！——重视培养孩子的学习兴趣

呀，我的房间好漂亮啊！——给孩子营造学习的氛围 / 021

妈妈，电视声音太大了！——给孩子创造一个安静的学习环境 / 024

咦，这是为什么呢？妈妈快告诉我！——保护好孩子的好奇心 / 027

这个故事真好听！——用童话、寓言等激发孩子的学习兴趣 / 030

现在去学习，就给你5元钱！——千万别用金钱、物质"激发"孩子的学习兴趣 / 033

怎么老是犯错误呢？——孩子犯错，正是他进步的机会 / 036

这么简单都不会，真是笨啊！——不要打击孩子，要相信他的能力 / 039

第三章　我现在感觉学习很快乐！——端正孩子的学习态度

妈妈，我有点爱上学习了——让孩子感觉学习是很快乐的一件事情 / 045

我享受学习的这个过程——学习不是最终目的，而是一种成才的途径 / 048

妈妈,我这次没考好! ——别太看重孩子的成绩,要看重他的成长 / 051

别太累了,该休息一下了! ——让孩子知道劳逸结合,学习效率才更高 / 054

爸爸妈妈都在学习哦! ——给孩子做爱学习的好榜样,他自然会效仿 / 057

我很有信心! ——引导孩子对自己有信心,从容地学习 / 060

跟妈妈谈谈吧! ——多与孩子交流沟通,为他的学习把好脉 / 063

第四章　欲善其事,先利其器! ——帮孩子掌握好的学习方法

学习计划,有用吗? ——让孩子重视、订立并执行学习计划 / 069

妈妈,教科书真简单——让孩子重视教科书,别忽视 / 072

我就爱学英语,不爱学数学! ——帮助孩子解决偏科的问题 / 075

明天老师会讲的,不用提前看——教孩子学会预习功课 / 078

这个内容,我也不知道老师讲过没有! ——让孩子在课堂上集中注意力 / 081

下课我再抄××的笔记! ——教孩子学会及时做笔记 / 084

老师讲的我都会了,不复习了! ——指导孩子做好课后复习 / 087

这么偏的知识,你也知道? ——教孩子全方位获取信息的方法 / 090

我背了好多遍,还是记不住! ——给孩子传授一些记忆方法 / 093

都用电脑了,就别费劲写字了! ——教孩子好好写字,不能潦草 / 096

不想了,网上搜答案去! ——教孩子重视思考,学会独立思考 / 099

第五章　我发现习惯真的很重要! ——培养孩子良好的学习习惯

快走,蚂蚁搬家有什么好看的? ——培养孩子观察的习惯 / 105

孩子,坐正了,别歪啊! ——教孩子注意坐姿、用眼等小细节 / 108

妈妈,我再玩一会儿,就一会儿! ——让孩子远离学习拖拉的坏毛病 / 111

我没问题,所以我不举手! ——鼓励孩子在课堂上大胆提问,积极回答 / 114

我渴了！我要吃东西！我要……——培养孩子的耐性，让他"坐得住" / 117

书桌好乱，但我不想收拾！——教孩子保持书桌整洁、物品摆放有条理 / 120

我怎么就发现不了问题呢？——培养孩子发现并解决问题的好习惯 / 123

雪化了以后就是春天！——重视开发孩子的想象力 / 125

妈妈，我发现了一种新的解题方法！——培养孩子的创新习惯 / 128

蓝蓝的天上没有星星！——培养孩子敢于质疑的良好习惯 / 131

下一次，我一定比现在更进步！——培养孩子自我激励的好习惯 / 134

第六章　这个真好玩，我喜欢！——合理恰当地开发孩子的智力

我爱益智游戏！——智力的开发是在孩子不知不觉中进行的 / 139

妈妈，我不想学奥数！——开发智力，不是一定要上奥数、珠心算 / 142

才艺？我真的需要学吗？——不要盲目跟风，强迫孩子学习才艺 / 145

多动动手吧！——孩子的智力会在做家务、动手的过程中得到开发 / 148

一玩就把学习给忘了——在玩中，孩子照样能学习 / 151

来，妈妈就看你的了！——在生活中，多给孩子表现的机会 / 153

第七章　妈妈，我要看书！——轻轻松松让孩子爱上阅读

为什么要读那么多课外书？——告诉孩子读书的目的与目标 / 159

什么时候教孩子阅读呢？——抓住培养孩子阅读习惯的黄金期 / 161

走，妈妈带你去书店逛逛！——带孩子逛书店，感受书的魅力 / 164

妈妈，我想看《喜羊羊与灰太狼》——给孩子看他感兴趣的书 / 167

这本书好厚，怎么读？——教孩子阅读的方法与技巧 / 170

来，妈妈给你讲××读书的故事吧！——用名人读书的故事激励孩子 / 173

现在是朗读时间！——培养孩子每天朗读 15 分钟的好习惯 / 175

看书？还是看电视吧！——引导孩子多看好书，少看电视 / 177

哦，原来是这样啊！——就书中的某些问题，与孩子一起探讨 / 180

我得写点什么！——鼓励孩子写读后感 / 183

第八章　妈妈，我不想写作业！——有效辅导、督促孩子写作业

我不想写作业——知道孩子为什么不爱写作业 / 187

你怎么漏掉了一些题目？——应对孩子写作业时偷懒的情况 / 189

又马虎、潦草……——重视孩子写作业时出现的细节问题 / 192

课外题？！我要疯了！——孩子做课外习题，对还是不对？ / 194

妈妈，帮我检查一下！——正确处理"检查作业"这一问题 / 197

我不想一个人写！——陪孩子写作业，应该还是不应该？ / 200

妈妈辅导不了我！——妈妈文化程度低，怎样辅导孩子？ / 203

能写得快点吗？——孩子写作业太慢了，妈妈怎么办？ / 206

写完就万事大吉了！——重视老师的批改 / 209

第九章　又考试！我害怕考试啊！——把孩子培养成"考试高手"

我得大量做题吗？——应对考试，别让孩子陷入"题海" / 213

是该好好复习！——教孩子考前分科，全面复习，把握重点 / 215

得做些难题才行？——让孩子注重基础知识，不要"练难题" / 217

我害怕考试，怯场啊！——提升孩子应考能力有妙招 / 220

一定把它解出来？——做题先易后难，别跟一道题较劲 / 223

我不会审题！——教孩子学会仔细审题，看清题意再做 / 226

做完了，没事了！——让孩子答题完毕后，重视检查、核对 / 229

第一章

我为什么要学习啊？
——孩子学习的动机是什么

学习动机是推动孩子进行学习活动的内在动力。如果孩子不知道为什么学习，学习必然不会积极主动，在被动的学习中，孩子能获益多少呢？因此，我们一定要让孩子知道他为什么学习，他为谁学习，学习能给他带来什么好处。当他知道了学习是自己的事情，是自己的责任，是实现理想的途径时，他自然就会主动学习了。

学习，不是为了爸爸妈妈！

——要让孩子明白他是为谁而学习

学习是孩子成长时期的重要任务，每个孩子都应该在精力最旺盛的时期好好学习，为自己以后的人生之路打下坚实的基础。然而，当今社会的大多数孩子似乎并不知道"学习好，自身受益；学习不好，自己受损"的道理。

于是，我们在大街上总是能看到背着大书包愁眉苦脸的孩子，他们抱怨老师布置的作业太多，时时都在憧憬着放一个长假……他们所表现出的状态，似乎是在为谁打工，工作内容是学习，老板不是自己。

那么，我们是不是从来没有告诉过孩子"你是为了自己而学习"？或者，是不是我们的表现让孩子不得不认为他不是在为自己学习？还是我们已经毫不掩饰地直接告诉孩子"你'给我'好好学"？

也许是我们太明白学习对孩子的重要性，所以，我们经常对孩子说："你要好好学习啊！"甚至是用各种奖励去促使他努力学习，当他学习不好的时候，我们会沮丧、会愤怒，因为，我们太想让他好好学习了。我们太清楚学习好对他有多么重要了。

然而，我们毕竟不是学习者本身，无论我们多么明白孩子学习的重要性，都不如让孩子自己弄清学习的目的和意义。所以，我们要让孩子知道他是为自己而学习。

告诉孩子，他是为自己而学

小佳上三年级。一天晚饭后，小佳一直没有去写作业，妈妈就问：

孩子不爱学习，妈妈怎么办？

"怎么今天没作业吗？"

小佳说："不是，我今天就是不想写作业。"

妈妈觉得很奇怪，问其原因，小佳也没说清楚，只是说："不想写。"

于是，妈妈说："那就不写，反正写作业是你自己的事情，是你自己的学习任务，完成完不成，与别人无关。但是我认为这是责任，完成它，是对自己负责；不完成，对自己也没有什么好处。"

小佳想了想，认为妈妈说得有道理，于是休息了一会儿，就回房去写作业了。

我们通常可能会催孩子去学习，逼他学习，哄他学习，但是没有像小佳的妈妈一样，把学习的责任直接归结给孩子自己，让她明白，她是学习的主人，她不是为别人而学习。因此，我们应该告诉孩子："你是为自己而学习。"

别让孩子觉得他是为父母而学习

也许我们会把"为自己而学习"的道理讲给孩子听，但是我们的所作所为却让孩子觉得，他是在为满足父母的需求而学习。比如，当我们的情绪随着他学习成绩的变化而明显起落时；当我们没完没了地催他赶快学习时；当我们辞退了工作，每天陪他学习时……孩子无形中就会认为，我学习是为了让父母高兴，为了让他们别打骂我；我学习是为了迎合父母的要求，让他们别总在我面前唠叨；我学习是为了平衡父母对我的付出……当孩子有了这些想法，他无论如何也不会认为他是在为自己学习。

所以，我们首先要清楚：学习是孩子自己的事情，并且要相信孩子作为一个独立的个体，有能力承担属于他自己的责任。我们作为教育者，应该给孩子正确的引导，而不是用自己的情绪去干扰他。

正如教育专家林格所说："当孩子感觉到学习是为了别人，无论是满足家长还是老师的要求时，学习的动力就会降低；当孩子的学习能满足自己的好奇心，能收获美感和满足感时，不用被人催促和监督时，这种学习才是最有效的。"所以，我们要时刻注意自己的言行举止，不要让孩子觉得他在为别人学习。

让孩子正确理解老师的批评

当孩子没有完成作业或学习成绩下降时，必然会被老师批评。此时，孩子会误以为他学习是为了老师。那么，我们就要这样告诉他："你不好好学习，老师不会有任何损失。老师是为了你好，才批评你，是希望你能好好学习，才催促你，所以，你学习本身跟老师没有一点儿关系。你应该明白，你是为自己而学，而不是为老师而学。"

如此一来，孩子就会正确看待老师的批评，也会感恩老师对自己的关照，而不会错误地认为自己是为老师而学习的。

学习就是为了以后挣大钱？

——让孩子明白他学习是为了什么

对于孩子而言，学习是头等大事。古代的少年知道自己为什么学习：为明理而学习，为成为圣贤而学习……周恩来总理小时候就立志——为中华之崛起而读书。

然而，现阶段的孩子知道为什么学习吗？

一位叔叔问上四年级的泉泉："小伙子，你学习怎么样啊？"

"不怎么样。"泉泉说。

"要好好学习啊，现在学习好，长大就能赚大钱，有了钱就能周游世界，能买大房子，能买好车子，想要什么就有什么。"叔叔对泉泉说。

泉泉想了想，说："我只想要一个变形金刚。"

对于一个未成年的孩子而言，他对"赚大钱"并没有什么具体的概念。当我们把他的学习目的与挣钱联系起来的时候，不但对他是一种误导，也很难起到激发他学习热情的作用。我们应该让孩子知道他为什么学习，赚大钱绝对不是学习的目的，"钱"只是在努力工作之后得到的回报。那么，孩子到底为什么学习呢？

为发展兴趣而学习

我们在生活中应该多关注孩子的兴趣，并让他知道，学习是发展兴趣的唯一途径。比如，孩子喜欢拆卸闹钟等机械物品，我们就可以告诉他："只有好好学习，以后才能成为一个机械学家，发明出更好、更实用的机器。"当然，我们还可以具体地说："你只有学好了语文，才能理解说明书上的准确意思；你只有学好了数学，才能有清晰的思路组装好你的机械；你只有学好了英语，以后才能和国外的机械专家交流……"

这样一来，孩子就知道要想发展自己的兴趣，就一定得好好学习。他明确了学习的目的之后，就不会盲目地学习了。

为提升能力而学习

对于任何一个孩子而言，学习是能力训练的过程。在这个过程中，孩子的理解能力、表达能力、观察能力、思考能力、自学能力、专注力、忍耐力都会得到提升，进而让自己拥有学历。这也是很多企业重视学历的原因，因为学历在很大程度上可以反映一个人的能力。

而当孩子通过学习拥有了各种能力的时候，他长大了就自然会把这些能力应用在工作和生活中。那么，他能力越强，工作的平台就越高，生活层面也会越开阔，人生自然会越幸福。所以，我们要让孩子知道，学习一定是有用的，只有通过学习提升了能力，才会有幸福人生。

为自力更生而学习

我们成年人工作的最基本目的就是获得收入，以便为个人和家庭创造必要的物质条件。孩子学习的目的虽然看似与"生存"无关，但其实是有紧密联系的，因为，孩子目前的学习状况与他未来的生存状态有很大的关系。

所以，我们要这样告诉孩子："每个人长大后都要养活自己，你现在学习的目的就是为以后自力更生打基础。有的人不学文化，就只能学手艺，比如修鞋、做木工活、做泥水工等，凭手艺生存。有的人文化知识学得好，就靠脑力劳动养活自己，比如当老师、设计师、律师等。总之，每个人都要学习，因为生存是每个人面临的基本问题。你现在学习越好，以后就越容易解决这个问题；反之，就越困难。"

这样孩子就会知道，学习是不得不做的事，只要活着就没有逃避的可能，当他勇敢面对的时候，学习就没有那么难了。

为实现理想而学习

一个哲学家看到3个人在做砌砖的活儿，就问第一个人："你为什么砌砖？"

这个人回答："我是犯人，为了服役而做活儿。"

他又问第二个人："你为什么砌砖？"

"为了赚些钱。"第二个人回答。

他问第三个人同样的问题，这个人满怀喜悦地说："我希望孩子们早日上学，所以，我要赶快把这所学校建好。"

显然，第三个人比其他两个人更有喜悦感。当一个人有了理想和责任的时候，做事就有了动力。我们也应该帮助孩子树立理想，引导他为实现理想而努力学习。当孩子每天都在为自己的理想做规划时，学习就成了自然而然的事情。

他们很厉害，我比不过他们！

——有智慧地激励孩子学习

一位教育家曾说："在教育孩子这件事情上，我不知道除了激励，还有什么其他的方法。"可见，激励对于成长中的孩子有多么重要。而孩子的学习之路不可能是一帆风顺的，他也许会因无法突破学习本身的困难而气馁，也许会因自己不如其他同学而自卑，也许会因没有得到老师的表扬而泄气，此时，我们是否有能力帮助他调整心态，激励他振奋精神、努力学习呢？

一天，上四年级的方嘉垂头丧气地回到家。妈妈问他怎么了，他说："数学小测验的成绩出来了，李桐和王辉都考了100分，我只考了95分，他们厉害，我比不过他们。妈妈，我不喜欢数学。"

妈妈说："95分不是也挺好的吗？明显比上次进步了，你应该高兴才是啊！李桐和王辉是你的好朋友，能取得100分说明他们的能力很强，你也正好可以向他们学习和请教啊！不要因为他们成绩比你好就气馁，更不能因此就对数学产生反感。每个人的能力不同，不要互相比较，一定要比的话，就和自己比，你比以前进步了，这就是值得庆幸的事。下次再比这次进步一点，慢慢地，你也就能拿100分了啊！"

听了妈妈的劝说，方嘉心里好受多了，说："我要再接再厉。"

很多时候，孩子会因为年龄小而走不出心灵的困境，这时，他就需要我们的鼓励了。在被鼓励之前，孩子就像一个泄了气的气球，而我们鼓励他的过程，就是在为他打气的过程，只要我们把话说到了他的心里，他就不会情绪持续低迷，而会振奋起来向下一个目标前进。

培养孩子"自我归因"的能力

孩子在学习中受挫的原因往往有很多种，我们要帮助他学会"自我归因"。如果孩子是单纯因为学习成绩不理想而一蹶不振的话，我们就要看他失败的原因是努力程度不够、学习方法不对、没有合理利用时间，还是身体出现了状况，等等。只要我们帮助孩子找到原因，并鼓励他以此为突破口努力前进，他就会因有了明确的改进目标而不再颓废。

如果孩子是因为和他人比较而心态失衡的话，我们就要像方嘉的妈妈一样告诉孩子：每个人的能力不相同，如果一定要比，就与自己比。如果孩子是因为没有得到老师的表扬而降低了学习兴趣的话，我们就要让孩子知道：学习不是为了得到老师的肯定，只要自己坚定信念向一个目标迈进，就是好样的。

只有找到了孩子消极懈怠的真正原因，我们所说的话才能起到激励作用。

及时肯定孩子的微小进步

我们对孩子的激励不仅仅是为了给他指明一条突破自己的道路，更是为了在这条路上给予协助。当他有点滴进步时，我们就要及时肯定他，不能在心中暗想：这孩子真进步了。而是要表达出来，说："嗯，你进步了，继续加油啊！"受到激励的他，就会更加努力地改正缺点、好好学习。

所以，在孩子的成长过程中，我们一定要细心。有时，孩子在学习中不是没有进步，而是我们太粗心，没有发现他的进步。当我们能捕捉到他微小的进步，并及时给予肯定时，他就会以此作为前进的动力，奋发向上。

用不同的方法激励孩子

当孩子在学习中打不起精神时，我们可以选择最适合他的方法激励他。比如，有的孩子喜欢阅读，我们就可以送给他一本励志书籍，用主人公积极向上的精神感染他，他会因此受到鼓舞。

当然，我们还可借用名人的成长故事激励孩子，或者在生活中帮他找一个好榜样。如果我们的语言表达能力不是很好，就可以用信函的形式激励他；如果我们很会讲笑话，就可以用幽默来激发孩子学习的信心。

方法没有标准，我们是最了解孩子的人，当然应该选用最适合的方法来增强他学习的积极性。

学习太辛苦了，我不想学了！

—— 引导孩子学会轻松地学习

一位教育者曾说："孩子原本不需要为学习而苦恼，凡是因为学习感到痛苦的孩子，都是因为他没有得到正确的引导。只要观念和方法改一改，孩子的学习就可以变得轻松愉快。"的确，学习本来是一件很自然的事情，比如，孩子不认识广告牌上的字，于是好奇地问妈妈，妈妈告诉了他，他记住了，也就学会了；孩子购买零食时，不知道对方该给自己找多少钱，爸爸把加减法教给他，他就因此而掌握了基本的数学知识。

孩子原本是无知的，因为"想知道"所以好学，求知是孩子的天性，当他有机会学习的时候，应该会表现出极大的热情。是什么原因让他觉得学习是个苦差事呢？

当孩子进入学校的时候，学习在很大程度上就成了一项任务，不是他想学的时候可以学一学，不想学的时候就可以不学的，所以，自律能力强的孩子就容易适应这种规范性的学习方式，自然不会觉得很累。另外，孩子的学习能力强，他就可以轻松完成学习任务，自然不会觉得学习很辛苦，更不会产生厌学的心理。除此之外，当孩子掌握了一定的学习方法后，也不会觉得学习很难。

所以，我们引导孩子轻松学习，就是要在学习习惯、学习能力和学习方法上帮助他提升。

告诉孩子，"高效"是"轻松"的前提

上四年级的小曼在学校听课的效率很高，每天放学后，一回家就抓紧时间写家庭作业。每次完成作业都很专注，从来不会磨磨蹭蹭，每天晚上 9:00 之前，她肯定能把作业全部完成。她的成绩不错，也从来不觉得学习很辛苦。

而她的同桌晓文就不一样了，上课不但无精打采，回家也是玩够了才写作业。写作业的时候不是东张西望，就是玩手里的玩具，每天到了晚上 10:00 还写不完。他着实觉得学习是一件很辛苦的事情。

其实，小曼并不比晓文聪明多少，只是因为她能专心地、高效率地学习，所以才觉得学习很轻松。所以，我们要让孩子学会安排学习时间，高效利用时间，写作业不拖沓。只要孩子的学习效率有所提升，他就不会觉得学习太辛苦了。

帮孩子把知识与生活联系起来

低年级的小学生总是要突破识字的障碍，那么，我们就要随时随地把汉字与生活联系在一起，比如，公共场合中有很多警示牌，像"闲人免进""禁止吸烟""禁止泊车"等，我们就可以读给孩子听，并告诉他意思。我们走到哪，读到哪，时间一长，孩子自然就会有一定积累，并会因此产生兴趣。

另外，有的孩子很难记住英语单词，那我们就可以把标着单词的卡片贴在实物上，比如，在桌子上贴上"table"，镜子上贴上"mirror"，孩子在家活动的时候，无形中就在记忆。这样，孩子不知不觉就掌握了英语单词，自然不觉得学习有多困难。

用游戏引导孩子学习

一位老师在对女儿数学方面的教育上，采用了"开小卖部"的游戏方法，通过较小数额的买卖增强女儿的数学计算能力。这的确是一个值得借鉴的游戏。我们也可以和孩子一起"开书店""开服装店""开文具店"，来帮助他掌握数学加减法。

游戏是引导孩子轻松学习的好办法，我们可以自创一些游戏，并

通过和孩子一起参与来增强他的学习能力。

重视孩子的课外阅读

课外阅读是提升孩子学习能力的必经之路。一个从小有大量课外阅读经历的孩子，思考能力、理解能力等都会比较强，而很少阅读的孩子，这些能力就不会很突出。

正如教育家苏霍姆林斯基所说："30 年的经验使我深信，学生的智力发展取决于良好的阅读能力。"所以，我们千万不能因为孩子的课业任务繁重就阻止他进行课外阅读；相反，应该支持他多逛书店，帮他选择适合其阅读的书籍。当孩子的学习能力通过课外阅读而提升的时候，他就会觉得学习真的很轻松。

妈妈老是催我去学！

——掌握让孩子主动学习的一些方法

当孩子坐在沙发上聚精会神地看电视时，我们是不是会催促他"快去学习"？当他拿着课外书，没完没了地翻看的时候，我们是不是也会说"快！抓紧时间写作业去"？当孩子刚把最后一口饭咽下去的时候，我们是不是就迫不及待地提醒他"嗯，饭吃完了，快学习去吧"？

在我们的催促声中，孩子也许会立刻去学习，也许会坐在那里不动，甚至还会对我们说："别催了！"相信大部分孩子听到我们的催促声时都会有一种反感情绪，而表达反感的行为就是不服从我们的指令。

看到孩子没动身，于是我们接着催，听到我们还在催，他就继续"逆反"，直到实在忍受不了我们的催促了，才不情不愿地去学习。这样的次数多了，我们就认定：这孩子一点儿没有学习的主动性。殊不知，孩子的主动性都是被我们催没的。

如果我们不催了，孩子就能自觉学习了吗？不一定。但是我们越催，孩子的主动性就一定越差。那么，我们如何做，孩子才会主动学习呢？

不再催孩子

被催促说明不被信任。如果我们刚进办公室，领导就说："小王，今天的任务要完成哦。"我们可能会想：这不是肯定的吗？当我们正在打开电脑，领导又说："小王，抓紧时间，别磨蹭。"此时，我们会是什么感受？当我们起身准备去倒杯水，领导再次说："怎么？还没开始工作？"相信我们这一天都很难有好心情，更不会积极主动、热情投入地去工作。

因为，我们的情绪在领导的催促声中发生了变化，他越重视的事情，我们反而越排斥。虽然排斥，但又不能不去做，于是开始应付工作。久而久之，我们就成了领导眼中"工作没有积极性"的员工。

同理，孩子也是一样的，我们的催促会引发他的反感情绪，我们越催他做什么，他就越不愿意做什么。所以，想让孩子主动学习，就不要没完没了地催他了。

增强孩子的学习责任感

我们可能会担心：孩子本来就不主动学习，再不催，那他还会学习吗？在我们不催促的情况下不会学习的孩子，要么是不知道不完成作业会被老师批评，要么是已经习惯了被老师批评。如果是前者，我们就要告诉他不完成作业的后果，让他自己选择，只要有一点自尊心的孩子，都会赶快完成学习任务。如果孩子属于后者，我们再怎么催，恐怕也没有用了。

所以，我们与其催他学习，不如帮助他增强学习的责任感，让他对学习有所重视。我们可以告诉他："学习是你的任务，也是你的责任，就和爸爸妈妈有工作任务一样，每个人都有自己的责任要承担，别人代替不了你。每天的学习任务早晚都要完成，抓紧时间早早完成，余下的时间就可以休息和玩耍了。如果爸爸妈妈平时完不成工作任务，周末就要加班，所以他们会感到很累，也没有办法陪你。所以，我们都要学会对自己负责。"

当孩子听了这段话之后，就知道该怎么去做了，这比"催"的作用大很多。

允许孩子自己安排学习时间

三年级的李朵每天回家都不会主动写作业，不等到妈妈催，她就不动弹。似乎妈妈的催促声成了她开始写作业的号令。

但是，有一天，妈妈一改常态，对她说："学习是你自己的事情，从今天起你自己安排学习时间，保证完成每天的学习任务，10:00之前睡觉，最迟不能超过 10:30。"

　　李朵一听，兴奋地说："妈妈，真的吗？"

　　"当然。"妈妈肯定地回答。

　　于是，李朵回到自己的房间，找出一张纸就开始制作学习时刻表。之后的每一天，她都会按自己规定的时间学习，当然有时也会偷懒，但学习的主动性在稳步提高。

　　随着年龄的增长，孩子的自我意识会逐渐增强。当我们把他的自我管理权还给他的时候，他会很好地利用。所以，我们不妨让孩子自己安排时间，如果孩子安排得合理，我们就给予肯定；如果不合理，我们就提供帮助。这样，孩子就会因获得自主权而更加主动地学习。

第二章

学习真是没意思啊！
——重视培养孩子的学习兴趣

有人曾把孩子的学习兴趣比作我们撒在他心田里的一粒小小的火种。当我们把这个火种点燃的时候，一定要小心地呵护它，否则风太大会把它吹灭，太小了又燃烧不起来。我们只有把风力把握得恰到好处，孩子学习的积极性才会慢慢被激发出来，他也才能真正体会到学习带来的乐趣。

呀，我的房间好漂亮啊！
——给孩子营造学习的氛围

家庭是孩子的第一所学校，也是他学习和生活的第一环境。因此，如何给孩子营造一个良好的学习环境，营造一个能够激发他学习兴趣的氛围是值得我们每位父母关注的问题。

文文马上就要上一年级了，妈妈已经为她准备好了书包、笔袋、铅笔、橡皮等文具。同时，妈妈还把她的房间彻底布置了一番，在房间内添置了一个橙色的书桌和书柜，书柜里还摆放了她平时最爱看的童话、科普一类的书籍及字典等工具书。书桌上放了一盏护眼台灯和诸如书立、文件夹等学习用品。

以前这个房间看起来很温馨，走进去就想放松一下，躺在床上睡上一觉，可是现在走进去学习氛围非常浓。文文对这个"新"房间也感到很满意。

许多孩子休息和学习都在一个房间里，这个房间如果布置得很混乱或者光线很暗淡是非常不利于他学习的。因此，对于孩子房间的布置，我们一定要予以足够的重视。

为孩子提供一个固定的学习场所

在学校里，每个孩子都有固定的座位，在座位上的任务就是学习。同样在家里，我们也应该为孩子安排一个固定的学习地方，其目的就是形成一种学习地点的定向作用。也就是说，当他习惯性地坐在这个地方，便会条件反射般地想到学习。

因此，如果有条件的话，我们不妨单独为孩子安排一个房间，作为他的书房。如果条件不允许，我们可以在他的卧室摆放好书桌和书柜，给他营造一个井然有序的学习环境。

合理布置孩子的书房

一般书房中会摆放书柜、书桌、座椅等家具，在选择这些家具的时候，很多父母都比较随意。事实上，家具的选择也是一门学问，而这恰恰会影响孩子学习的积极性。

比如，对于0~6岁的孩子，我们要特别注意家具的颜色和造型，只要是颜色活泼或者形状有趣的搭配就能激发出他的学习兴趣，像市面上销售的电脑喷漆和拼色卡通家具都是不错的选择。对于6岁以上的孩子，我们在选择家具的时候就要注重功能性，颜色最好趋近于中性颜色，比如，橙色、黄色、绿色等，当然也要尊重孩子的意见。

此外，因为孩子正处于生长发育期，骨骼和脊柱还没有发育完全，所以座椅的椅面不要太软，桌子和椅子的高度也要调到一个合适的比例，最好是可调节的。

给孩子创造一个整洁的学习环境

一项研究表明，干净整洁的环境有利于激发孩子的学习兴趣，增强他的记忆效果，从而提高他的学习效率。因此，我们一定要给孩子提供一个干净整洁的房间让他专心地学习。一般情况下，我们可以利用周末的时间，组织孩子和我们一起大扫除，鼓励他亲自打扫自己的房间，以营造一个整洁的学习环境。

学习环境的布置要参考孩子的意见

孩子的房间就是他的一片小天地，因此在布置的时候，我们不仅要注重营造学习的氛围，还要参考他的意见。

一位妈妈向来主张民主的家庭氛围，对于女儿的房间，从墙壁的颜色到家具的选购，再到房间的整体布置，她都参考了女儿的意见。至于生活用品和学习用品的摆放，女儿也是在妈妈的指导下，亲自动手整理的。所以对于这个房间，女儿非常喜爱，尤其是当她坐在自己亲自挑选的书桌前学习的时候，很有一种成就感，学习兴趣也非常高。

当孩子亲自参与了房间的布置、书桌的选择的时候，他就会不自觉地对这些家具有一种独特的感情。当他身在其中学习的时候，更能体会到一种温馨的感觉，也就很容易专心地投入学习中了。因此，在布置孩子学习环境的时候，我们也要尊重他的意见，听听他的想法。

妈妈，电视声音太大了！

——给孩子创造一个安静的学习环境

常常听到一些父母反映，孩子学习的时候粗心大意，注意力非常不集中，一会儿看看电视，一会儿吃点零食，一会儿又跑去摆弄其他东西了，结果本来半个小时就能做完的作业，却要花上1个多小时。为此，许多父母不得不在旁边督促他，他才能专心地把作业做完。

事实上，在孩子学习的时候，父母与其在旁边唠叨式地辅导和说教，不如为他营造一个安静的学习环境。的确，喧闹的家庭环境是分散孩子注意力的主要原因。

8岁的东东在房间里写作业，爸爸妈妈坐在客厅里边嗑瓜子，边看电视，偶尔看到精彩的镜头，两个人还发出"哈哈"的笑声。本来正在学习的东东很专心，可是总是被电视的声音和爸爸妈妈的笑声打扰。

于是，他走到客厅说道："妈妈，电视的声音太大了，我都不能专心学习了。"这时，妈妈才意识到电视的声音影响了儿子，刚想把电视关掉，只听爸爸在一旁严厉地训斥道："你在屋里学你的，我们在外面看我们的，互不打扰，你不要总是为你不能专心学习而找借口。"

听了这位爸爸的话，我们不难发现他忽略了一个事实：年龄小的孩子本来注意力集中的时间就短，如果要他在我们的责骂声、吵架声、搓麻将声、电视声、音乐声中做功课，就算他坐在了书桌前，也不可能专心地读书。可见，孩子学习的时候，最重要的就是有一个安静的学习环境，因此，我们一定要努力为他营造一个安静的学习环境。

在孩子学习的时候保持安静

有些家庭经常是这样的情况：孩子在写作业，父母要么在打麻将，要么在看电视，要么在和别人聊天，偶尔坐在一旁的孩子还能插上几句话。事实上，这样的学习环境非常不利于孩子集中注意力。因此，在孩子学习的时候，我们一定要保持安静，像看电视、听广播、搓麻将、听音乐、和邻居聊天等行为，甚至是夫妻间拌嘴、吵架都是应该尽量避免的。

同时，当孩子不能专心学习的时候，我们也不要在一旁唠唠叨叨，而是要用简练的语言指正他的行为。如果他学习时间过长，我们可以适当地让他放松一下。

和孩子一起学习

当孩子学习的时候，我们不妨拿一本书坐在他的身边和他一起学习。尤其是对年龄小的孩子，这种方法非常利于他养成专心致志学习的习惯。同时，我们还能在孩子面前树立一个好榜样。值得注意的是，我们手里拿的一定是书，而不是报纸、杂志一类的东西，因为看报纸、杂志在孩子看来不是学习，而是一种消遣。

培养孩子一心一意的学习态度

要想培养孩子专心致志的学习态度，我们自己就要先起到表率的作用，比如，不边看电视边看书，不边听音乐边学习，不边看报纸边吃饭。同时，我们也要要求孩子做到这一点。如果遇到孩子边学习边吃东西或者看电视的情况，我们一定要及时纠正他，以此让他养成良好的学习习惯。

不打扰正在学习的孩子

周末，一位妈妈在厨房里腌咸菜，女儿在书房里边做作业边玩。妈妈看到后，多次训斥她做作业要专心。不一会儿，妈妈的咸菜腌好了，她顾不得女儿正在学习，把她叫到面前说道："把这些咸菜给邻居王奶奶送去吧，她爱吃这个。"

其实，女儿在书房里早就学不下去了，正想寻找机会玩上一会儿，这下接到这个"美差"了。她满口答应着，兴奋地跑去给王奶奶送咸菜了。

我们很多父母都有这个习惯，本来孩子正在学习，我们却一会儿叫他干这儿，一会儿叫他干那儿，结果本来认真学习的他很难集中注意力了，这样怎么能培养起孩子专心致志的学习态度呢？因此，当孩子学习的时候，我们尽量不要打扰他，也不要因为心疼他，一会儿给他送水，一会儿给他送水果，因为我们总是进出他的房间也会分散他的注意力。

咦，这是为什么呢？妈妈快告诉我！
——保护好孩子的好奇心

好奇是每个孩子的天性，也是他们探索新知、勇于创新的动力。最常见的现象就是，他们常常会指着那些新奇的事物，问这是什么，那是什么，为什么是这样的……这些都足以表现出他对新奇事物的极大兴趣。作为父母，我们可不要小看孩子提出的问题，这中间往往蕴涵着不可预测的潜能。

有一对兄弟从小好奇心就非常强。一次，两个人在大树底下玩，萌生了要爬上树去摘月亮的想法。结果两个人不仅没有摘到月亮，反而衣服都被树枝刮破了。父亲见到这个情景，不仅没有责骂他们，反而耐心地引导他们制作"大鸟"，鼓励他们骑着它飞上天空。

这期间，父亲还买了一些玩具送给他们，给了他们很大的启发，使得他们对制造升空装置产生了浓厚的兴趣。后来，两个人不断地积累升空技术方面的知识，翻阅了大量有关飞行的资料，最后发明了世界上第一架飞机。他们就是美国著名的莱特兄弟。

面对莱特兄弟因为好奇心引发的幼稚行为，父亲并没有对他们进行严厉的呵斥，而是注意倾听他们的想法，积极引导他们的好奇心，并给予必要的支持，最后使儿子们不断探索，最终发明了世界上第一架飞机。

可见，好奇心能够激发孩子探索的欲望和热情。因此，我们一定要保护好他的好奇心，让他始终保持一种勇于探索的态度。

认真倾听孩子的提问

孩子经常会问这样的问题："天空为什么是蓝色的？""月亮为什么有的时候是圆的，有的时候是弯的呢？""人是怎么跑进电视里面去的？"……孩子的问题总是千奇百怪，使得我们应接不暇。有时，我们会表现出不耐烦的情绪，训斥他："问这么多干吗？好好学习就行了。"尤其对于他提出的稀奇古怪的问题，我们很可能会嘲笑他幼稚，甚至表现出不屑一顾的态度。事实上，我们的这种态度会严重打击孩子提问的积极性，因此一定要避免。

相反，不管孩子提出什么样的问题，我们都要表现出认真倾听的态度，这样他才有勇气表达自己的思想。对于一些很有意义的问题，我们可以表扬他："这个问题提得太好了，我怎么从来没有想过这个问题呢？"以此增加他提问题的积极性。

不要马上做出回答

在回答孩子的问题时，我们不能马上给出答案，而是要注意引导孩子的思维，可以试着反问他："对于这个问题，你有什么想法？"以此把他的好奇心引导到分析和积极思考上来。对于他不能理解的问题，我们也不必勉强解释，可以告诉他："这个问题涉及的知识面比较广，你要好好读书，当知识积累到一定程度，你就可以理解了。"以此鼓励他好好读书，丰富自己的知识。

鼓励孩子主动寻找问题的答案

孩子提出的一些问题是在我们能力范围之内的，可是有些我们也从来没有思考过，更不知道如何作答。这时，我们可不要为了维护自己的面子胡乱作答，否则很容易误导孩子的思想。我们不妨如实地告诉孩子："这个问题妈妈也不知道答案，不过你可以查一下百科全书，或者上网搜寻答案。"以此提高孩子独立解决问题的能力。因为孩子的问题比较多，涉及的范围也比较广，我们最好给他准备一本百科全书，并教他利用网络搜寻资料的方法。

引导孩子细心观察生活

在我们的日常生活中，有很多新奇的事物吸引着孩子，往往一些小事便能引起他深层次的思考。所以，我们要有意识地培养孩子细心观察生活的能力。此外，户外活动往往更能引发孩子的好奇心，因此，我们可以经常带孩子参加户外活动，比如逛公园、动物园等。

正确对待孩子因为好奇心而导致的破坏行为

一个4岁的男孩在阳台上玩，突然心血来潮，想看一看花盆里的花是怎么生长的。于是，他把花连根拔起，仔细观察了好久。妈妈知道后，并没有急着批评他，而是问明原因，然后告诉他，花之所以会开得这么漂亮，完全是靠根从土壤中吸收水分和养分，如果把它连根拔起，花就会枯死。说完，妈妈带着儿子把花栽回了花盆里。

由于孩子年幼无知，他们的好奇心常常会使其做出一些破坏性的行为。但是他们是无心的，就像案例中的男孩，他并不是故意搞破坏，而是对花的生长充满了好奇，所以才会把花连根拔起。

遇到这种情况，我们一定要控制住自己的脾气，询问原因后，再耐心地给他讲道理，这样才能在保护孩子好奇心的同时，使他掌握一定的知识。

这个故事真好听！

——用童话、寓言等激发孩子的学习兴趣

听故事是每个孩子都喜欢的活动之一，只要听到有趣的故事，他就很容易被吸引过去。鉴于此，我们不妨利用孩子的这个兴趣，多给他讲一些童话、寓言故事，以此激发他的学习兴趣。

上四年级的玲玲不喜欢学数学，每次数学考试成绩都非常低。最近在数学课上，他们开始学习分数了。对于这个新概念，玲玲理解起来非常吃力，感觉有些跟不上老师讲课的进度。

为了帮她很快地理解这个新知识，妈妈给她讲了一个有意思的故事："狐狸和野猪分西瓜吃，因为狐狸比较聪明，把西瓜分成了8份……"

就这样，妈妈边讲故事，边给女儿讲解分数的概念。最后，妈妈还要求女儿在纸上画一个圆，把它平均分成8份，以验证她是否真正理解了分数的概念。最后，玲玲对分数这部分内容掌握得特别牢固，也不像以前那样抵触数学了。

妈妈通过讲故事的方式，让女儿懂得了分数的概念，同时还增加了她学习数学的信心，这种方法非常好。事实上，讲故事从表面上看是一种休闲娱乐的方式，但是如果我们能将做人的道理和书本中的知识融入故事之中，孩子在这种轻松的氛围中很容易就能学到知识，同时还能感受到学习带来的乐趣。

那么，具体来说，我们给孩子讲什么样的故事，才能激发他的学习兴趣呢？

讲古代人刻苦学习的故事

我国自古以来就有"匡衡凿壁偷光""孙敬头悬梁苏秦锥刺股""囊萤映雪"的故事，他们为了读书，什么困难都能克服，甚至不惜伤害自己的身体。这种发奋读书、刻苦学习的精神实在值得孩子们好好学一学。为此，我们应该多给孩子讲一讲诸如此类的小故事，激励他学习古人努力读书的精神。

讲传统小故事

在中国传统小故事中，很多都蕴含着深刻的道理。比如，"曹冲称象"就蕴含一定的数学知识，体现着代换的概念，表明若干个小部分之和就是一个整体；"田忌赛马"体现了解决问题策略的多样性，告诉我们思考问题要转换思路，寻求最优方案，这也蕴含着数学知识。此外，像"司马光砸缸""狄多圈地"等故事也都体现着古代人的思想和智慧，其中也蕴含着数学、物理等多方面的知识。我们可以多搜集这方面的故事，讲给孩子听。当发现所学的知识可以运用在生活中时，他学习的兴趣就会慢慢地建立起来。

讲古代名著中的故事

一位妈妈为了培养儿子看书的兴趣，每天晚上给他讲一段《西游记》里的故事。这样持续了3天，儿子听故事的兴趣越来越浓厚。第四天，妈妈依然绘声绘色地讲书中的故事，可是讲到最精彩的地方时，突然停止了，问道："想知道后来怎么样了吗？"儿子用力地点了点头，说："想。"这时，妈妈故意打了个哈欠，说道："可是妈妈有点困了，你自己拿着书看吧。"接着，把书递到了儿子的手里。结果儿子饶有兴趣地独自看了起来。

如今，很多孩子都没怎么读过古代名著，对此也没有什么兴趣。事实上，这些传统文化和知识应该多让他了解一下。因此，为了鼓励他读书，我们不妨借鉴这位妈妈的做法，最开始用讲故事的方法激发出孩子对故事的兴趣，然后再鼓励他自己阅读，这样他读书的兴趣慢慢就建立起来了。

给孩子买适合他读的童话、寓言类书籍

　　一般来说,孩子们都喜欢看各种小童话、小寓言,其中不仅有有趣的情节,还有丰富的知识和道理。阅读这些内容不仅有助于提高孩子的读书兴趣,还能给他很多生活中的启迪。像《格林童话》《伊索寓言》等这类书都可以买给孩子,让他好好看一看。

现在去学习，就给你5元钱！

——千万别用金钱、物质"激发"孩子的学习兴趣

为了激发孩子的学习兴趣，很多父母习惯使用物质奖励或者金钱奖励促使他学习。比如，当他作业做得整齐时，我们给他发奖金；考试成绩高，奖励他一个MP3；或者提前许诺，如果他期末考试考到第几名，就奖励他一个笔记本电脑……

事实上，如果我们一味地用物质和金钱奖励的方式激励孩子学习，很有可能导致他为了金钱而认真读书，或者为了我们而学习的状况发生，而这就扭曲了他学习的目的。

8岁的强强不爱写作业，每次都要妈妈三催四请，他才会安静地坐在课桌前学习。一天，强强和往常一样，放学后坐在沙发上看电视。妈妈催促他说："快去学习。"强强应和着："等一会儿。"这时，妈妈说："如果你现在就去学习，就给你5元钱。"说着，从兜里掏出了一张5元的纸币。看到钱后，强强眼前一亮，接过钱，走回了自己的房间。

发现这个方法很管用后，妈妈就和强强协商好，如果他能做到每天放学先做作业，就每天都能赚到5元钱。计划实施的最初几天里，强强果然每天都能做到放学第一件事就是写作业。可是过了几天，妈妈下班后，发现强强不再像以前一样写作业了，而是又看起了电视，于是询问他原因。只听强强说："钱我已经赚够了，今天不想赚了。"此时，妈妈哑口无言。

从强强的身上，我们不难看出他做作业完全是以"赚钱"为目的，当他不想赚了，也就不会再像以前一样放学后先做作业了。可见，物

质奖励、金钱奖励只能起到暂时的作用，实际上并没有激发出孩子的学习兴趣。因此，对孩子的物质奖励和金钱奖励，我们一定要慎用。

物质奖励和金钱奖励要适当

在教育过程中，任何奖励都只是一种辅助性的手段，是以激发孩子的学习兴趣为目的的。但有些父母动辄就给孩子奖励，从生活到学习，只要他取得一点成绩，就奖励他，结果使得奖励成为家常便饭。但对孩子来说，一旦他很轻易地就得到了想要的东西，奖励对他也就失去吸引力了，其作用也就大打折扣或者不存在了。因此，我们对孩子的物质奖励和金钱奖励一定要适当，当他有一种"欲求而难得"的感觉时，物质和金钱奖励就会起到相应的作用了。

物质奖励转换为精神奖励

心理学家研究发现，精神奖励的持久性要更长。因此，随着孩子年龄的增长，父母应该逐步增加精神奖励的分量。但对小孩子来说，物质奖励要更直接一些，因此，最初的时候，我们还是要适当以金钱奖励、物质奖励为主要的方式激励孩子，但是随着他年龄的增长，我们要慢慢过渡到金钱奖励和精神奖励相结合的方式，最后再过渡到以精神奖励为主的奖励方式。这样，他学习的动机和目的也就渐渐明确了。

注重精神奖励法

称赞、表扬、鼓励以及关注都是精神奖励方法，这些都可以增加孩子的信心，从而提高他的学习兴趣。因此，在生活中，我们要注重精神奖励法，比如，当孩子的学习成绩有所提高的时候，我们要及时给予称赞；当家长会上，孩子被老师表扬时，我们也要及时反馈给他。当然，如果孩子某一次考试没考好，我们也要帮他分析原因，鼓励他跌倒了自己爬起来，争取下次取得好成绩，以此增加他的信心。

物质奖励要有选择性

当给孩子一些物质奖励的时候，我们最好选择一些有意义的东西，比如，有利于他成长的书籍、学习用品、体育用品等，或者带着孩子去旅游，丰富他的知识，增长他的见识。切勿以名牌衣服、运动鞋，或者带他胡吃海塞一顿作为奖励他的方式。

怎么老是犯错误呢？

——孩子犯错，正是他进步的机会

古语讲："人非圣贤，孰能无过？"在生活和工作中，我们难免会犯错，孩子也不例外。在学习中，他可能会犯各种各样的错误，而这个时候，我们的态度是怎样的呢？

一位妈妈下班后，帮儿子听写生字。听写完之后，儿子错把"纷"字右上部分的"八"写成了"人"，妈妈耐心地纠正了他，并让他重写10遍，加深一下记忆。几天之后，妈妈又帮儿子听写生字，又念到了"纷"字。结果错误依旧，儿子又把"八"写成了"人"。

这时，妈妈生气地训斥道："你怎么总是犯错误呢？还总在同一个地方犯错，怎么回事，啊？"看到妈妈生气的样子，儿子仿佛犯了天大的错误一样，一直低头不语。

从这位妈妈身上，我们是否看到了自己的身影？是否也同样害怕孩子犯错误？尤其在他写错生字、算错计算题时，我们是否总是失去耐性，带着一种质问的口气责问他："怎么老是犯错误呢？"

殊不知，孩子就是在不断犯错、改错的过程中成长起来的，这样他才能把题目所涉及的知识点牢牢地掌握住。但是如果我们总是带着一种严厉的态度斥责他，他很可能会因此变得不敢尝试，甚至过于依赖我们，其学习兴趣也会在我们的质问声中渐渐消失。因此，面对孩子学习中的错误，我们一定要以正确的态度来对待。

善意地指出孩子的错误

在学习过程中，孩子难免会犯错误，这时我们绝对不能用指责的态度质问他"怎么总是犯错误"，这相当于在无形中又强调了他的错误，同时也会打击他改正错误的信心。

相反，如果我们能以宽容的态度对待他的错误，用温和的语气善意地提醒他："有错误哦，再好好检查一遍。"这才能真正激发出他发现错误、改正错误的兴趣，也才能提高他改正错误的能力。

帮助孩子分析错误的原因

当孩子犯错后，我们不仅要鼓励他改正过来，还要帮助他分析错误的原因，是因马虎导致的，还是因基础知识掌握得不牢固导致的？

如果是因为马虎，我们就要鼓励他做完作业后多检查几遍，同时做作业的时候要集中注意力，不可三心二意，这样才能减少低级错误出现的概率。

如果是因为基础知识掌握得不牢固，我们就要鼓励孩子把该题有关的知识点再复习一遍，再找出类似的题目多做练习，以检验自己是否真正掌握了这个知识点，这样再遇到类似的题目，他就不会再犯同样的错误了。

不代替孩子检查作业

孩子完成作业以后，我们很多父母都有替他检查错误的习惯。事实上，这是非常不利于他良好学习习惯的养成的。我们代为检查，孩子虽然也能知道哪里错了，错误的原因是什么，但是很容易导致他养成依赖的心理，使他缺乏主动反省的意识。而只有他自己检查出了错误，才能加深他的印象。

婷婷做完数学作业后，拿着作业本走到妈妈面前，说："妈妈，我做完了，给我检查。"妈妈拿过作业本，仔细地看了看，说："一共有3个错误，你好好检查吧。"

婷婷本来以为妈妈会直接告诉自己哪里错了，于是央求妈妈说："您就直接告诉我吧。"这时，只听妈妈严厉地说道："不行，自己的作业自己检查。"于是,婷婷乖乖地走回房间检查作业去了,一会儿就把 3 处错误都找出来了。

　　一开始的时候,孩子可能没有检查作业的习惯,为了培养他的这种习惯,我们可以学习婷婷的妈妈,指出孩子作业中错误的大概范围,鼓励他自己查找,然后再完全放手,让他自己检查,这样他检查作业的良好习惯就会慢慢养成。

这么简单都不会，真是笨啊！

——不要打击孩子，要相信他的能力

在生活中，"真笨"成了很多父母在教育孩子时常用的口头禅。即使有时这种说法带着爱意，但是孩子接收到的还是"笨"的信息，而这种信息会渐渐在孩子的脑海里扎根。最终，本来不笨的孩子也被我们说笨了。

一位妈妈给女儿讲一道数学应用题，其实题目并不难，但是文字有些绕，导致女儿一直没有弄明白题目的意思。结果妈妈给她分析了一遍又一遍，又画图又举例子，可是女儿对题目还是不太理解。

最后，妈妈终于失去了耐性，无奈地说："怎么这么简单的一道题，你就是不明白呢？真是笨死了。"只见女儿委屈地站在一旁，不作回答。接着，妈妈叹了口气，继续说道："算了，你不用弄明白到底怎么回事了，你就照我说的列方程式、解方程式就行了，肯定没错。"

这位妈妈在给女儿讲题的过程中，逐渐失去了耐性，所以责骂女儿"笨"。其实，并不是女儿真的笨，而是我们总是站在成人的角度，认为我们这样说孩子就能理解，或者凭借孩子的能力，他能够独立解决这道问题，但实际上，我们忽略了孩子的真实水平和理解能力。

试想，如果孩子每天都淹没在这种负面暗示中，他很可能会慢慢怀疑自己的能力，并渐渐深信自己很笨、学习能力很差，自卑感和自我怀疑就会渐渐占据他的心灵。他的潜意识也会产生"保护作用"，拒绝新的资讯进入记忆库中，那么他接受新知识的兴趣也就丧失了，那样的话他就真成了"什么都学不会的"笨孩子了。因此，我们千万

不要打击孩子，而是要相信他的能力。

不说打击孩子的话

有一个女孩总说自己记忆力不好，问其原因，她说是妈妈说的，因为她总忘记戴小黄帽；还有一个孩子总说自己学习很烂，因为他没有考到妈妈要求的分数……

认为自己记忆力不好、学习很烂的孩子，怎么会有学习的兴趣呢？其实，有时候，就是我们成人不经意间的一句话对孩子产生了很大的影响，而我们自己却没有意识到。所以，在孩子面前，我们说话一定要谨慎，不要随便就给他贴"笨""懒""脑子不好使"等负面标签。

不在别人面前说孩子"笨"

有时我们总是喜欢拿自己的孩子和别人比，"你看人家××比你还小1岁呢，都能用英语和老外对话了""你看××这次考了双百，你再看你"……而当别人夸我们的孩子时，为了表示谦虚，我们会说："我女儿不行，很笨的。""我的儿子没脑子，整天就知道瞎玩儿。"这些话可能并不是我们的心里话，但是孩子听到了，很可能会信以为真，认为自己真的很笨。因此，我们千万不要在他人面前对自己的孩子做出"笨""记忆力差"等负面评价，而是要尽力维护他在别人心目中的美好形象。

不给孩子订立过高目标

俗话说："欲速则不达。"如果一开始，我们就给孩子制订很高的目标，导致他拼尽全力也不能实现，最终其自信心会在一次次的打击中消失殆尽。到那个时候，不用我们说他笨，他自己也会从内心深处觉得自己很笨。

因此，如果真的为孩子着想，我们不要给孩子过高的期望，不妨教他把大目标分成几个小目标，而设立每个小目标都要本着"跳一跳，够得着"的原则。当他有一次成功的体验时，他的信心就会增加一分，他也才会有动力奔向下一个更高的目标。

鼓励孩子主动提问

当孩子在学习过程中遇到难题时，他很可能因为羞涩或者害怕别人取笑而不敢提问。这时，我们一定要告诉他，有不会的问题一点也不丢脸，但是如果没有勇气问老师、同学、父母，请求他们的帮忙，那么这个问题将永远得不到解答，最终损失的一定是自己。所以，遇到自己独立解决不了的问题，一定要请教老师、同学或者父母，不要害羞。

第三章

我现在感觉学习很快乐！
——端正孩子的学习态度

心理学中说，学习态度是指学生在学习过程中应该保持的良好心态。如果孩子的学习心态好，自然就愿意学习，学习状态和学习效果也不会差。那么如何让孩子保持良好的学习心态呢？如何避免孩子产生厌学情绪呢？如何让孩子充满自信，从容地学习呢？这就看我们如何给孩子做榜样，如何引导孩子了。

妈妈，我有点爱上学习了

——让孩子感觉学习是很快乐的一件事情

古人说："书中自有黄金屋，书中自有颜如玉。"一代教育家孔子也说："学而时习之，不亦说乎。"这说明读书学习是一件很享受、很快乐的事情。

然而，据一项调查显示："喜欢学习"的小学生仅占8.4%，初中生仅占10.4%，而高中生仅为4.3%，可见大部分孩子是不喜欢学习的。那么，孩子怎么没有从书中找到"黄金屋""颜如玉"呢？怎么就没通过学习"悦"起来呢？

林格老师曾说："厌学，可以说是中国教育史上的'癌症'。"他认为，导致孩子厌学的原因有三种：第一，教育者按照自己一厢情愿的教育设计，迫使孩子们"就范"，忽视甚至控制了学生的学习主动性；第二，教育者过于执着于用大脑教育孩子，而忽略了用自己的心灵去感应另外一颗心灵；第三，教育者过于迷信教育模式与技术，不会激发孩子的潜能。

这里的"教育者"可能不仅仅指我们父母。但是，我们是不是常常给他太大的学习压力，让他喘不过气？我们是不是根本不了解他的学习能力，总是一味地让他提高成绩？我们是不是从来不懂得如何激发他的学习兴趣？如果真的是这样，我们不但无法避免孩子产生厌学情绪，而且自身还会成为孩子厌学的诱因。

那么，为了不要让孩子患上厌学这个"癌症"，我们该怎么做呢？

别给孩子太大压力

王金战老师这样说过:"如果学生在学习的过程中,背负着太多与学习无关的东西,就会垮掉……如果我们忽视学习的快乐,而一味地探讨学习之外的压力,反而会让学习变得无味。"这就是说,只有孩子用一颗宁静的心投入学习时,才能在学习中受益。

如果孩子总是想"如果学不好,妈妈会骂我""如果考不了100分,就得不到奖励""如果不能进重点班,这辈子就完了"时,那么他的注意力都放在了"忧愁"上,还怎么能全心投入学习,更不可能因投入而收获快乐。

因此,我们千万不要太多地对孩子强调分数、成绩、升学等与学习本身无关的东西,这样只能给孩子造成压力,导致他不爱学习。

降低学习难度,让孩子有成就感

降低学习难度是让孩子爱上学习的最直接途径。当一个孩子并不觉得学习很难,并屡次在学习中收获成功时,就自然有了继续学习的动力。所以,无论孩子在班级的学习状况如何,我们都要根据他自身的情况,适当降低学习难度,鼓励他慢慢进步。

一个上四年级的小男孩数学成绩比较差,基本跟不上班级的进度。但是数学老师并没有因此放弃他,而是单独给他布置一些适合他能力的作业。当他发现完成作业并没有那么难,而且正确率也提升了时,就会更加有信心。另外,老师总是表扬他的进步,逐渐地,他的成绩有了起色,也因此爱上了数学。

如果我们能够借鉴一下这位数学老师的教育方式,相信孩子一定可以爱上学习。我们不要认为孩子应该学到什么程度,而应该根据他自身的能力帮他降低学习难度。当他掌握了自己能够掌握的知识时,无论这个知识多么简单,他都会很有成就感,在此基础上,如果我们能给予其一些肯定,他就会觉得学习是一件让人高兴的事情。因为,伴随学习的不是失败和指责,而是成功和赞赏。

通过兴趣让孩子爱上学习

俗话说，兴趣是最好的老师。当然，兴趣是爱学习、会学习的重要基础。每个孩子都有自己的兴趣爱好，比如，他喜欢玩某个游戏、喜欢某种球类、喜欢做手工、喜欢唱歌等。乍一看，这些似乎和学习没有关系，其实，孩子的任何一个兴趣都能转化为学习兴趣。

如果我们多与孩子聊关于他兴趣爱好方面的知识，他就会听得入迷，他会好奇我们怎么知道这么多。此时，我们就可以告诉他："妈妈之所以懂得多，是因为看了许多书，学了许多知识，而只要你愿意认真学习，就可以了解更多有趣的知识。"所以，我们无须把他的兴趣爱好和学习本身对立起来，只要我们做好引导工作，他一定会发觉学习是件快乐的事。

我享受学习的这个过程

——学习不是最终目的，而是一种成才的途径

从孩子进入学校的第一天起，我们就希望他能够并努力获得优异的成绩。当被问及"为什么希望孩子好好学习"时，我们可能会一愣，然后回答："当然是希望他成才了。"原来，希望孩子成才才是真正的目的，而学习只是成才的一种途径。

换句话说，如果孩子今天学习不好，以后就很难成才。那么，孩子学到什么程度才能够说明他学习好呢？如果孩子能够完全掌握每天所学的知识，就无疑会在期中、期末的考核中取得好的成绩，自然也就是一名"好学生"了。由此看来，对于孩子当天的学习，掌握知识才是真正的目的，而听课和完成作业都是手段和途径。

四年级的小维学习成绩一直不错。一次放学前，她对英语老师说："老师，如果把今天所有的作业都完成的话，恐怕得写到晚上11:00，真不想写作业。"老师听了，说："这样，你只要把今天学的英语单词都掌握了，并背会那一小段课文，英语作业写多少都行。"小维一听非常高兴，于是便按老师说的去做了。第二天，她的单词听写得了满分，课文也很流利地背了下来。

从此，老师给了小维一个特权——只要掌握了当天所学的知识，作业写多少都行。小维的成绩并没有因此而下滑，相反，她学习英语的兴趣更浓了。

只要孩子在每天的学习过程中达到了"掌握知识"的目的，就是完成了学习任务。既然这样，我们和孩子都不应该过于拘泥于学习的

形式，而是应该重视学习的目的。

帮孩子树立科学的学习态度

有时，我们会认为不爱学习的孩子学习态度不够端正，然而，爱学习的孩子学习态度也不一定科学。

孟凡的学习主动性很强，成绩也总是名列前茅，妈妈也因此很欣慰。但是，孟凡自己似乎特别看重考试结果，无论小考还是大考，他只要考不到全班第一，情绪就异常低落。

当妈妈发现孟凡的这个问题后，就安慰他说："我理解你的心情，但是你要知道，你不是为了获得第一名而学习的。就目前而言，掌握知识是目的，而从长远来看，成才是目的。哪些知识没有掌握，查漏补缺就好，不要把名次看得太重。我们希望你重视学习的过程，而非名次。"

妈妈对孟凡的引导非常到位，也许我们的孩子在努力学习的同时，也很在乎名次和成绩，那么，我们就要帮他树立科学的学习态度，引导他享受学习的过程，让他明白学习只是途径，而非最终目的。

不要对孩子的学习定"硬性指标"

有时，我们担心孩子没有掌握知识，就额外地给他布置了很多课外作业，希望他能够通过完成这些作业进一步掌握所学的内容。或者，我们总是会给孩子定学习时间，比如，一天必须学几个小时，或者晚上学不到10点不许睡觉，等等。我们的这些做法不但不科学，还很容易引起孩子的厌学情绪。

我们要知道，只要孩子能够牢固地掌握知识，他学习时间的长短以及所做的作业量都是次要的。因此，我们不要给孩子的学习时间和作业数量定"硬性指标"，而是应该引导他利用有效的时间巩固学习内容，鼓励他在学习之余，多做自己喜欢的事情。

对孩子的学习成效进行监管

如果老师给孩子布置了灵活机动的作业，比如掌握生词、背会课文、记住公式等，我们就一定要协助老师做好对孩子的监管工作。因为孩子很可能会对我们说"都掌握"了,实际上却并没有完全掌握。

　　那么,我们就要检查一下他是否已经掌握了所学的内容,比如,听写生词,听他背课文,出几道简单的题目,看看他是否学会了公式的用法等。这样,我们就会了解孩子真实的学习情况,也能因此帮他树立正确的学习态度。

妈妈，我这次没考好！
——别太看重孩子的成绩，要看重他的成长

现代著名作家叶圣陶先生曾说："分数并不代表知识，更不是衡量孩子学习好坏的唯一标准。"的确，任何一个孩子都是有综合潜力的人，成绩并不能显示出孩子的全部能力，更不能代表孩子的成长状况。

正如一些孩子，虽然学习成绩好，但是性格古怪，不合群，自理能力差，这样的孩子，总会因综合能力差而在成长中处处碰壁；而有些孩子学习能力有限，成绩一般，但是为人热情大方，爱帮助同学，深受老师喜爱，这种孩子的成长道路反而会比较顺畅。

另外，我们可能会因太看重孩子的成绩，而忽视了他的精神需要。我们对他内心的忽视，很容易导致悲剧的发生。

2004年4月15日，河南省登封市石道乡郭沟村郭沟小学六年级的学生郭某，因考试成绩不理想而服毒自杀。2009年1月17日，浙江省温州市的一个12岁男孩因成绩不好不想上学，留下一封遗书后喝农药自杀了。

孩子为什么会因成绩不好而走上绝路呢？是因为我们太看重他的成绩，并因此做出过激的反应，导致他内心承受不了而选择了自杀。

林格老师曾指出：孩子的学习成绩不理想，家长着急，老师也着急，可是我们也许忽略了，最痛苦的是孩子本人。他能体会到周围所有人对他的不满，能感知到周围所有人对他的失望，这种痛苦即使是成年人也很难承担。

是啊！因为他们无力承担了，才选择了所谓的"解脱"。因此，

我们千万不要过分看重孩子的学习成绩，而是应该关心他的内心需要，让他茁壮成长。

理智对待孩子的成绩

一个五年级的小女孩，她的母亲非常注重她的考试成绩。当她考试成绩不好时，母亲就会非常沮丧地说："你这么不争气，让人失望。"并且好几天都不理她。但当她考好时，母亲特别欢喜，又亲又抱，还说："真是妈妈的好乖乖，袜子都放着，我给你洗。"小女孩总是哭笑不得，很想问一句："妈妈，您到底是爱我，还是爱分数？"

当我们过度看重孩子的成绩时，情绪难免会随着孩子成绩的好坏而起落，而我们又会把这种情绪传递给孩子。这样一来，孩子一旦没考好，就会极度悲观、不知所措，甚至会为了逃避我们的指责而选择自杀。

因此，我们不要因孩子的高分而雀跃，更不要因他成绩不好而怒气冲天，我们的不理智对孩子的成长没有任何好处。

别把"高分"与"人才"画等号

古今中外的历史事实证明，成绩好的人不一定就会成为有成就的人，而很多"顶级人才"从小都不是分数高的人。比如，爱迪生小时候曾被当作低能儿，但他却成了举世闻名的大发明家。因此，我们要看到孩子自身的优势和潜力，不要抓住成绩单不放。如果我们看不到他的优势，就无法采用"因材施教"的教育方式把他培养成才。

重视孩子的人格和性格培养

一个成绩好的孩子并不是没有缺点，更不代表他有良好的性格和健全的人格。可以说，孩子的学习成绩决定了他未来发展的层面，但是他的性格却决定了他的人生是悲剧还是喜剧。

我们作为母亲都希望孩子能快乐成长，拥有幸福人生，那么，我们就一定不能把"好成绩"作为培养孩子的唯一目标，而是应该让他学会孝顺、尊敬、友善、宽容、乐观……只有这样，他才有可能成为一个德才兼备的人。

找到孩子成绩不好的原因，鼓励他全面发展

孩子没考好是有原因的，或因基础知识薄弱，或因学习方法不得当，或因上课注意力不集中，等等，我们要找到"病症所在"，才能"对症下药"。只要我们有耐心帮助他成长，等待他提升，他就一定会有起色。

另外，我们要对他的德行、体育、美育、劳动等各方面给予关注，这些都是他整体素质的反映。只有我们自己的教育观和人才观正确，才能帮助孩子树立正确的人生观和价值观。

别太累了，该休息一下了！

——让孩子知道劳逸结合，学习效率才更高

学习虽然是孩子重要的任务，但绝不是生活的全部。虽然我们希望孩子能够多花时间去学习，但是，我们是否意识到劳逸结合才对孩子更重要呢？

劳逸结合不仅有利于孩子提高学习效率，稳定情绪，增强记忆力，而且是孩子生理发育和心理发展规律的客观要求。所以，"休息"对任何一个学习中的孩子而言都是非常必要的。孩子只有休息好了，才会有充沛的精力去学习。

2010年高考结束后，李文博名列当地理科第一名。

他从上小学开始，父亲就教他学会调节"玩"与"学"之间的关系。父亲认为，玩时要玩个痛快，学时要学个透彻。后来，为了让李文博能够劳逸结合，父亲就干脆在儿子的书房墙壁一角安装了一个篮球筐。这样，李文博在学习之余，随时都能放松休息。

父亲说："虽然我是老师，可从来不让孩子死读书。作为老师，我很清楚劳逸结合对学生多么重要。他想玩的时候，就让他好好玩，孩子玩够了，自然而然就知道该学习了。很多家长见孩子贪玩就非打即骂，结果孩子玩也玩不好，学也学不好。这些父母应给孩子更多的空间和自由，这样才更利于他们调整好状态，投入学习中。"

的确，当我们工作劳累之后，只有好好休息一下，才会感觉轻松一些。孩子也是一样，他也有学累的时候，也需要放松休息。如果此时我们还逼迫他继续读书，只能说我们并没有设身处地地去感受他的

需要。

因此，如果孩子已经筋疲力尽了，我们就不要让他继续"透支"精力和体力，而是应该对孩子说："别太累了，休息一下吧！"

别让孩子熬夜学习

邓辉上三年级了，妈妈对他的期望很高。每次期末考试之前，妈妈都要求他学到晚上 11:00，并希望他每门功课都得 100 分。当然，邓辉不是每次都让妈妈满意。妈妈认为，这是他复习不够全面的缘故。于是，在又一次考试临近时，妈妈要求他再多学半个小时，学到 11:30。几天下来，邓辉身体就吃不消了，病倒了。最终，邓辉不得不因高烧不退而放弃此次考试。此时，妈妈才心疼地说："还是我儿子的健康最重要啊！"

我们在孩子还没有倒下的时候，总以为他还能撑得住，却忽略了他的身心已经到了崩溃的边缘。难道，只有等到他真的倒下了，我们才能明白，他是真的撑不住了吗？所以，无论孩子的学习状况如何，无论我们多么希望他能够取得好的成绩，都不要让他以损害身体为代价去苦学。而熬夜不仅会影响孩子身体的发育，也是造成他白天精神恍惚的重要因素，他每天无精打采地去学校，能学到什么呢？没有充沛的精力，就没有学习的高效率。

所以，孩子身心健康，才是努力学习和快乐生活的保证。

带孩子到大自然中去休息

当孩子结束了一个阶段的学习时，我们先不要考虑孩子的学习成绩如何，而是应该体谅到孩子需要休息。所以，我们可以安排一次类似远足、野炊、爬山等的活动，让孩子在亲近大自然的同时，好好休息一下。

大自然中有丰富的色彩和悦耳的声音，当孩子身临其境时，身心会得到彻底放松。所以，不要问孩子考得怎么样，而要对他说："学习累了，咱们明天去郊外好好放松一下吧！"孩子会因我们的理解而雀跃，就凭这份理解，他也不会肆意辜负我们对他的期望。

引导孩子用轻松缓和的方式休息

如果孩子在休息之后还要继续学习,那就不要以类似玩电脑游戏、听摇滚音乐、做激烈运动等活动为休息方式。这些方式无法让孩子的心情处于较为平静的状态,"休息"之后反而会使心情浮躁,更加难以专心学习。

所以,当孩子学累了的时候,我们可以陪他去散散步,或者陪他下一盘棋,或者让他小睡一会儿,这样,孩子再次学习的时候,效率就会高起来。

爸爸妈妈都在学习哦！

——给孩子做爱学习的好榜样，他自然会效仿

一代教育家孔子曾说："其身正，不令而行；其身不正，虽令不从。"意思是说，如果我们自身言语行为端正，做出表率，即使不对孩子提出要求，他也会跟着行动起来；相反，如果我们自己没有做好，却总是对他发出指令的话，他也不会心甘情愿地服从。

所以，我们作为孩子的第一任老师，以身作则是非常重要的。我们自身的言行会对孩子起到潜移默化的影响，孩子会因受到了影响而效仿我们的行为。

同理，我们希望孩子爱学习，但是如果我们自己不学习，却一味地要求孩子的话，我们的号令不会有一点儿说服力；如果我们自己爱学习，即使没有对孩子发出号令，孩子也会因看到了好榜样而效仿。

萧然的妈妈是一位小学老师，她深知打造学习型家庭对孩子成长的重要性。从萧然上小学开始，妈妈就专门腾出一个房间作书房，并安置一张可供两三个人使用的大书桌，还放了一个书柜。

每天晚饭后，妈妈就坐在书桌前看书或查阅资料，爸爸也会翻看一些报纸杂志。看着爸爸妈妈都在学习，萧然也很自觉地开始写作业。在爸爸妈妈的影响下，萧然很少有不想写作业、不想学习的情绪，也不觉得学习是一种压力。因为爸爸妈妈用行动告诉他：学习是很自然、很轻松的事情，是生活中的一部分。

如果我们的孩子不爱学习，其实主要是由于我们自己没有学习的习惯所致。很多孩子都会觉得当学生不公平，因为学生白天在学校学习，

晚上回家还要写作业，而爸爸妈妈只在白天工作，晚上就可以干自己想干的事情。所以，孩子特别羡慕妈妈晚上能看电视，爸爸能玩游戏，他这一羡慕，就自然不想写作业了。

所以，为了孩子的前途，我们应该给他做爱学习的榜样，孩子自然会效仿。

做爱读书的妈妈

小颖的妈妈很爱看书，看书的范围也很广，从报纸杂志到文学小说，只要感兴趣的书籍她都看。小颖总是能看到妈妈一边喝茶，一边看书的情景。

小颖在三年级之前并没有对读书产生浓厚的兴趣，随着年龄的增长，她也开始看《青年文摘》《读者》等杂志，随之体现在学习上的进步就是作文越写越好，语言表达能力和学习能力都逐渐增强了。

对于孩子而言，妈妈的行为总会对他产生影响，时间一长，他就会不知不觉地效仿妈妈，把妈妈的行为转化为自己的行为。所以，我们可以订一些报纸、杂志，也可以时常去书店购买一本自己喜欢的书籍，只要我们开始阅读，孩子总有一天会爱上读书。

和孩子共享学习时间

很多孩子之所以不能安心学习，是因为爸爸妈妈的休闲方式总是吸引着他。他在想妈妈看什么电视节目，爸爸又在玩什么电脑游戏。此时，如果我们关掉电视和电脑，开始读书学习的话，孩子自然就会"收心"。

当然，孩子不是一"收心"，就能够投入学习。因为好的学习习惯不是短时间内养成的，如果我们每天都能以学习的方式与孩子共享学习时间，久而久之，孩子就会因爸爸妈妈的转变而改变。因为爸爸妈妈做出的榜样就是他学习的动力。

和孩子一起学习

黄辉的妈妈虽然在工作中没有学习任务要完成，但是为了给儿子做榜样,她专门利用休息时间自学英语和计算机。在英语学习方面,黄辉有时还是妈妈的小老师。有时,妈妈会和黄辉一起背英语单词和课文。在妈妈的影响下,黄辉学习英语的兴趣越来越浓,成绩也越来越好。

如果妈妈能成为孩子学习中的良师益友,彼此互相促进,互相帮助的话,孩子的学习热情也会大大提高。

把"好学"表演给孩子看

我们给孩子树立爱学习的榜样,不仅仅是表现在爱看书、读报上,更应该把"好学"的一面表现出来。无论在生活中、工作中还是学习中,只要遇到不懂的知识,我们就应该通过查资料等方式找到答案。

比如,孩子问我们:"烫伤之后该怎么处理?"如果我们不知道,就要说:"这个妈妈也不知道,是该学习学习了。"说到就要做到,我们就要尽快通过学习把这个知识补上,并和孩子一起分享。这样,孩子就看到了一个"好学"的妈妈,也会在学习中探求真知。

我很有信心！

——引导孩子对自己有信心，从容地学习

有一位名人说过："信心的力量是惊人的，相信自己，那么，一切困难都将不会是困难。自信心是一种积极的心理品质，是促使人向上奋进的内部动力，是一个人取得成功必备的、重要的心理素质。"的确，信心带给人的精神力量是不可忽视的。

当孩子对学习充满信心时，他已经成功了一半；如果孩子认为自己不行，他注定会失败，因为他已经为失败做好了准备。

在一堂体育课上，老师教给大家一个动作——后滚翻。几乎一大半同学都学会了，但是，佳佳试过几次都没有成功。她正准备试第五次时，一位同学告诉她："你就在心里想，'我一定能翻过去'，我刚才这样想，就翻过去了。"

佳佳听了，说："好！"

于是，佳佳蹲在垫子上，在心里对自己说："我一定能翻过去！一定能！"说完，她就闭上眼睛努力往后一躺，等她睁开眼睛时，她已经坐在了垫子的另一头。这次成功给她带来了无比的信心，以后她遇到困难时，都会对自己说："我一定行！"

佳佳从一个体育动作的学习中收获了自信，这是多么丰盛的收获啊！所以，孩子是否能轻松从容地学习，跟他是否相信自己有很大关系。当孩子充满自信时，自身的很多潜能无形中就被激发了出来。当他以无比积极的状态投入学习中时，自然就能从学习中受益了。

所以，当孩子没有信心时，当他在学习中遇到挫折时，当他不知

道自己的潜能时，我们就要帮他树立信心，让他从容地学习。

常常鼓励孩子

董翔上五年级时，学习成绩不是很好。老师就对他母亲说："这个孩子上六年级肯定跟不上，初中就更难了，要想考上高中不太容易。"但是，董翔初二时就开始进步，还考上了重点高中。

后来有人问他的母亲："孩子为何有如此大的进步？"母亲说："是不断的鼓励，听到那个老师所说的话后，我就开始鼓励我的孩子，无论成绩怎么样，我都鼓励他，相信他能有进步，鼓励让孩子有了信心，学习也慢慢好了起来。"

让孩子有自信的最直接办法就是对他给予鼓励和肯定。无论孩子学习状况如何，我们都要从他的行动中看到值得肯定的地方，并表达出来。孩子听到我们的表扬，自信心会增强，学习的意愿也会随之大大提高。

正如小卡尔·威特的父亲所说："信心从何而来，来源于父母有效的夸奖。孩子需要夸奖，需要鼓励。'夸'不仅仅表明了父母的信心，同时也坚定了孩子的信心，只有孩子对自己充满信心，父母才能培养出优秀的人才。"那么，我们就让孩子生活在鼓励声中吧！

不随便否定孩子

鼓励会给孩子带来信心，那么，否定自然会让孩子失去信心。所以，无论孩子学得好与不好，我们都不要随便否定他。

张琪喜欢写作，为了提升写作能力，她参加了课外作文提高班。然而，在第一堂课上，老师说她错别字太多，还以她的错误为范例给大家讲解。张琪觉得自己被彻底否定了，从此不再主动用文字表达内心的声音，写作能力不但没有提升，反而对写作文产生了反感。

我们否定孩子，就等于放大了孩子的缺点。当孩子把眼光都放在了自己的缺点上时，又怎么会有信心呢？所以，我们即使要给孩子提出问题，也要讲究策略，首先让孩子看到自己的长处，再引导孩子改正不足。一味地否定只会让孩子越来越糟。

帮助孩子在学习中体验成功

　　鼓励固然非常重要，但是"成功体验"是增强信心的必备条件。那么，平时我们要多关注孩子在学习中容易犯哪些错误，容易在哪些地方"栽跟头"，并帮助他总结归纳，克服改正。比如，孩子因为粗心常常计算错误，那就让孩子养成"回头检查"的习惯，当他通过检查不再犯错时，他就会因获得小成功而更加相信自己的能力。

　　所以，帮助孩子提升学习能力，并体验成功是非常必要的。只有这样，孩子才能不断增强自信心。

跟妈妈谈谈吧！

——多与孩子交流沟通，为他的学习把好脉

学习是一个持久的过程，孩子的学习状态也不是一成不变的。虽然学习是孩子自己的事情，但是毕竟他年龄小，无法全面而准确地为自己的学习把关，这就需要我们的帮助了。

有时，孩子在一段时间内学习状态不佳，而他也不知道自己目前是什么状况，更不知道如何调整，此时，我们就要通过沟通了解他的具体情况，并帮他尽快地以最佳状态投入学习中；有时，孩子在学习中遇到了困难，但是他却不懂得向父母、老师或同学求助，如果我们能通过交流及时发现他的困惑，就能给他提供最重要的帮助，使他轻松渡过难关。

然而，我们可能因为各种原因没有养成和孩子谈话的习惯，任由孩子自己在学习中摸索，等到考试结果出来时，我们就开始喜悦或埋怨。可是，有时孩子可能会在学习中遇到大麻烦，如果我们能够及时开导他、帮助他，他可能就不会因学习上的困惑而走上绝路。

2010年10月31日，河南省商丘市一个9岁的女孩服农药自杀了。自杀的前几天，她总是对家人说："我不想去学校，作业多得写不完，老师不让吃饭。"可是，家人没有把一个小女孩的"心声"放在心上，谁都没有对她的苦恼做出反应。没想到，几天后，她就用这么极端的方式结束了自己的生命。

如果这个女孩的家人能够和她聊聊天，帮她解除心中的郁闷，并对她的学习提出有建设性的意见，她就不会因想不开而结束生命。

因此，我们应该多与孩子交流沟通，在为他的学习把脉的同时，也让他拥有轻松愉悦的心情。

关注孩子的情绪变化

每位妈妈都应该成为细心的妈妈。每天孩子放学回到家，妈妈都应该观察写在孩子脸上的"阴晴圆缺"，这样才能有和孩子交流的"材料"。如果我们没有发现孩子的情绪变化，以为他很正常，那我们就会只顾自己忙活，不会给他提供最需要的帮助。

阳阳是一个活泼开朗的孩子，学习成绩也不错。可是，一天放学回家，阳阳并没有像平时一样叽叽喳喳地和妈妈说话。

妈妈觉得不对劲，就问："阳阳，今天在学校高兴吗？"

"不高兴。"阳阳直接回答，并一股脑地把当天和同学闹别扭的事情告诉了妈妈。

后来，经过妈妈的开导，阳阳的心情豁然开朗，说："妈妈，我现在好受多了，今天在学校难受得我都没心思听课，现在好了。"

孩子的任何情绪波动都会影响他的学习状态。正如我们心情极度低落时，工作效率也不会高。所以，我们要常常关注孩子的情绪变化，并给他提供心灵的帮助。因为只有心情平静，孩子才能好好学习。

常常询问孩子的学习情况

我们应该养成和孩子沟通的习惯，谈论的话题不固定，但其中一项肯定是关于学习的。对于年龄小的孩子，我们可以问类似"老师今天教了些什么啊""你觉得难不难啊""你最喜欢哪门课啊"等简单的问题。

对于年龄稍长的孩子，我们不一定要天天询问他的学习情况，但也要常常询问："最近学习任务紧张吗？""你觉得学习状态怎么样？""有没有遇到什么困难？"只要我们主动询问，孩子总会有或多或少的回应，从中我们就能了解他的学习状况，并及时给他一些帮助。

再忙，也别忘了和孩子聊聊

正读四年级的天浩，学习状态一直很稳定。但是在一段时间内，他的学习积极性明显不高，上课还容易走神。妈妈发现后及时鼓励了他，他才恢复常态。后来妈妈才知道，天浩前一阵经历了一次非常糟糕的考试，这让他备受打击，导致他在各方面都表现得很低迷。

  我们可能会因为工作忙、出差、身体不适等因素而忽略了孩子，孩子会因得不到我们的关爱而情绪低落、无心学习。所以，无论我们多忙，都要抽空和孩子聊聊。当他感觉到妈妈在关心他时，他做任何事情都会有动力。

第四章

欲善其事，先利其器！
——帮孩子掌握好的学习方法

掌握好的学习方法是高效学习的必要条件，在某种程度上，"会学"比"好学"更加重要。如果孩子不会学习，即使花费了大量的时间和精力，也收不到预期的学习成效。所以，我们一定要帮助孩子找到正确的、科学的、适合他的学习方法。这样，他才能轻轻松松学好知识。

学习计划，有用吗？

—— 让孩子重视、订立并执行学习计划

俗话说："凡事预则立，不预则废。"孩子想做好一件事情，必须提前做充分的准备和计划。有了计划，就明确了做事的目的、步骤、方法；若是没有计划，做事时胡子眉毛一把抓，最后不但浪费了时间，事情也不一定能做好。

学习也是一样，如果孩子在学习之前能制订学习计划，他就会明确自己的学习目标，也知道合理安排时间，学习效率自然就高。所以，对学习而言，学习计划不但有用，而且非常重要。

航航刚上一年级，对"学习计划"没有任何概念，每天放学回家就先做自己喜欢的作业，把不是特别感兴趣的作业放在最后，有时甚至会忘记写。为了让航航学会制订计划，妈妈不会在他刚一回家就催他学习，而是让他休息一会儿，并引导他利用休息的时间思考一下写作业的顺序。

一次，航航对妈妈说："我要先完成美术作业，然后写语文，最后写数学。"

妈妈一听，说："妈妈知道你喜欢画画，不过呢，画完画之后，桌子上都是画笔和颜料，还怎么写作业啊？不如你先写语文作业，再写数学作业，这两样作业完成之后，你就会很轻松，然后你想画多长时间都可以，这样是不是更好？"

听了妈妈的话，航航觉得有道理，就高高兴兴地去实施了。就这样，航航度过了一个轻松愉快的夜晚。临睡前，他对妈妈说："妈妈，

我以后都要按这个顺序写作业。"

孩子由于年龄、认知水平、思维方式等方面的局限，往往不知道如何制订学习计划。此时，我们就要用他能理解的方式，让他知道什么是学习计划，并帮他制订合适的计划。只要他对学习计划有了一定重视，并主动制订和实施，他的学习效率自然就会提高。

使孩子感受"计划"的好处

有的孩子学习效率很低，虽然花费了大量的时间，还是不能很好地完成学习任务。对于这种情况，我们就要根据他的学习任务量和自身的能力来帮他制订学习计划。

比如航航的例子，妈妈帮航航更改了完成作业的顺序，并把这样安排的好处告诉了航航。当航航按妈妈说的计划执行的时候，发觉时间不但够用，还有很多时间做自己喜欢的事情。如此一来，他就知道不同的学习顺序能带来不同的结果。

所以，如果我们能让孩子感受到按计划学习的好处，他就会明白制订学习计划的重要性，并会学着安排自己的学习任务。

帮助孩子确定"轻重缓急"的概念

孩子的学习任务也有轻重缓急，比如，语文老师布置的周记作业只有在周末才属于"急"任务；又如，数学老师出了几道智力题，让大家试着做，第二天讨论，这就不属于"重要任务"。而老师要求当天必须完成的作业，就属于"重要而紧急"的任务。

如果孩子没有完成"重要而紧急"的作业，就先着急完成"轻而缓"的任务，那就是浪费时间。所以，只有让孩子弄清学习中的"轻重缓急"，所做的计划才是有效的。

教孩子制作学习时间表

学习时间表是执行学习计划的依据，有了学习时间表，孩子就明确了该在哪个时间段完成哪项学习任务。当然，我们要根据孩子的学习能力和学习情况制订他能执行的学习计划，比如，孩子耐力不足，那就可以把休息的次数安排多一些，而每次休息的时间都短一点。

当然，学习时间表不是一成不变的，我们要根据他的执行情况随时做出适当调整，使学习计划能够符合他的学习能力，这样的计划才具备一定的可行性。

使孩子明确学习目标

明确学习目标是制订学习计划的前提，比如孩子限定自己每天学会几个成语，一周后要学会多少个单词，一学期下来要有哪些进步等。有了学习目标，孩子就会进一步思考平时该怎么学，该在学习上分配多少时间和精力等，而这些问题的解决无疑需要有一个完备的学习计划做保障。当孩子按照科学的计划去学习的时候，一定会受益。

妈妈,教科书真简单

——让孩子重视教科书,别忽视

教科书是孩子在学校学习的必要教材,它的编排具有一定的科学性、层次性和系统性,其内容也符合学生智力的发展规律,如果孩子能全面并深入地掌握教科书中的所有知识,他一定是一个学习能力很强的学生。

然而,有的孩子却认为教科书中的知识很简单,不值得重视。有这种思想的孩子,要么是提前学过,要么是平时的知识积累量很大,要么是学习能力很强,一看就懂,无论哪种原因,我们都要想办法引导孩子,使其杜绝这种傲慢的心理,否则,他很难在学习中有所收获。

郭瑶在上学前就认识很多字,刚拿到一年级的课本,她就迫不及待地翻看起来。她发现大部分汉字都难不住她,于是就开始一篇一篇地朗读,连读了2篇,除了偶尔几个字不认识,打了磕巴外,基本流利地读了下来。

读完后,郭瑶就说:"妈妈,教科书真简单,我不用学就会。"

妈妈一听,说:"瑶瑶,你认识的字是不少,基本能流利地读下来,妈妈觉得很高兴。但是,这并不等于你完全掌握了所有的知识,识字和朗读只是学习语文的基础。如果你还没有学,就觉得不用学了,那肯定学不好。所以,无论你认识多少字,都要在老师的带领下认真学习,才能从中受益。"

听了妈妈的话,瑶瑶使劲点了点头,似乎明白了妈妈的意思。

一旦孩子有了轻视教科书的念头,我们就要及时纠正,让孩子用一颗谦虚的心，汲取更多的知识。

不让孩子超前学习教科书

有些妈妈为了孩子能在学校学得轻松一些，就让孩子利用假期参加针对教科书教学的学前班，或者请家教给孩子讲下学期的课程，或者自己给孩子进行提前教学，这些做法无疑会让孩子在学校的学习中忽视对教科书的学习。

孩子往往会因为对知识的"似曾相识"而降低学习兴趣，也很难把第二次的学习看作"查漏补缺"的过程。他在似学非学的状态下，知识不但没有得到巩固，而且"缺漏"还会依然存在。所以，对大部分孩子而言，超前学习教科书有害无益。

当然，这并不是说不让孩子提前学知识，而是不要只把目标定在学习课本知识上，我们应该帮他扩充知识量，让他广泛接触各方面的知识，一旦他的学习能力提高了，学习课本知识时就会轻松许多。

告诉孩子：虚心使人进步

知识量大的孩子往往会因为受到了太多赞扬而傲慢，更会因自己知道的比较多而轻视对教科书的学习。此时，我们就要向郭瑶的妈妈一样给孩子讲道理，让他知道：他所懂得的知识只是教科书中的一部分，他所掌握的知识也许只是皮毛。只有虚心地跟随老师学习，才会知道自己到底掌握了多少，还有哪些知识需要补充。如果傲慢地认为教科书很简单而无须学习的话，就无法在自己学习的基础上取得进步。学习没有尽头，只有虚心才能不断充实自己。如果孩子懂得了这些道理，就不会忽视课本知识了。

适当地考考孩子

如果孩子觉得教科书很简单，我们就可以适当地考考他。比如，他能流利朗读课文，那我们就问他"这篇文章表达了作者什么样的思想""这篇文章的作者是谁？请简单介绍一下他"等比较深入的问题。

也就是说，我们可以围绕教科书中的知识问出很多相关的、引申的问题，孩子不可能都能作答，当他被考住的时候，我就可以告诉他："类似这些知识，也是需要了解和掌握的，所以只是看着简单，不一定真简单，还是要认真学啊！"如果老师的讲解中并未涉及我们向孩子提出的问题，那正好可以鼓励孩子自己寻找答案，通过探求获得真知。

只要孩子明白自己的所知永远是有限的，就不会轻易地忽视教科书了。

我就爱学英语，不爱学数学！

——帮助孩子解决偏科的问题

随着年龄的增长和学习科目的增多，孩子往往会根据自己的兴趣而对所学的科目做出评价，比如，英语容易，数学难，或者数学有趣，语文枯燥等。孩子这种内心的评价如果得不到及时纠正，发展下去就会导致偏科。

偏科对孩子的智力发育没有好处，也有碍于孩子在学习上的综合发展。就孩子的智力发育而言，科目自身的特点会影响孩子某一方面智力的发展，比如，数学侧重于培养孩子的逻辑思维能力；语文侧重于培养孩子的理解能力、表达能力等。所以，偏科有碍于孩子综合素质的提高。

另外，我们都希望孩子能够通过高考进入大学，如果孩子从小就有偏科现象，并没有得到有效更正的话，他不擅长的科目就会给他的高考成绩拉分，这就使孩子不得不降低理想目标，甚至还会因偏科而落榜。

因此，从孩子入学开始，我们一旦发现他有偏科苗头，就要想办法纠正，让他得到全面的发展，并为以后的学习打好基础。

找到孩子偏科的原因

孩子不会无缘无故地偏科，一般引起偏科的原因有这样几种：第一，兴趣导致偏科。有的孩子对某方面知识特别感兴趣，无形中就会多花时间和精力在喜欢的学科上，相比之下，其他学科的学习时间就减少了。第二，对老师的态度导致偏科。不可否认，孩子如果喜欢某位老师，自然就会重视该位老师所教的那门学科，反之亦然。第三，屡次挫败导致偏科。可能孩子在某个学科的学习中，屡栽跟头，导致他失去信心，学习主动性和积极性下降。另外，有的孩子既没有学习压力，又没有意识到偏科带来的负面影响，所以任由自己偏科，而不作纠正。

我们要通过观察、与孩子的交流，以及老师的反馈知道孩子为什么偏科，只有了解了原因，才能帮助孩子。

引导孩子喜欢老师

上三年级的高翔一直喜欢数学，但是对新开的英语课不感兴趣，还总对妈妈说："我讨厌英语。"原来，在第一堂英语课上，高翔因说闲话被老师批评了。从此他就不喜欢老师，也不喜欢英语。

后来，妈妈就常常与英语老师沟通，还对高翔说："英语老师说你最近有明显的进步。""老师说你上课注意力集中了不少。"总之，无论英语老师有没有夸高翔，妈妈都会"转达"老师对他的肯定。久而久之，高翔不再讨厌英语了，偏科现象也明显好转了。

如果孩子是因为对老师的喜好而偏科的，那我们就可以借鉴高翔妈妈的方法，常常告诉孩子老师的辛苦与不易，让他对老师产生尊重与敬仰之情。当孩子对老师改变了印象，偏科问题自然就解决了。

利用孩子喜欢的学科，解决偏科问题

如果孩子是因为兴趣取向而产生偏科的，那我们就可以想办法利用他喜欢的学科，解决他的偏科问题。

12岁的孟鑫刚上初中一年级，他很喜欢英语，但对历史不感兴趣。虽然历史不是主科，但是父母为了能够让他全面发展，就给他买了一些适合他阅读的英语类历史书籍。在这类书籍中，编者用简单的英语文字描述了一些历史事件和人物。孟鑫通过对这类书籍的阅读，逐渐对历史产生了兴趣，父母也不用再为他会偏科而担心了。

我们可以帮孩子找到兴趣与学科之间的联系，特别是找到他喜欢的科目与不喜欢科目之间的联系。这种联系只要被我们找到，纠正孩

子的偏科现象就容易了。

告诉孩子偏科的坏处

如果孩子因喜欢某门学科而有远大理想的话，我们就一定要把偏科的弊端告诉他。我们可以给他举例：某某孩子数学很好，但英语很差。他一直想进入全国一流的理科学院学习，以后成为一个数学家。但是考大学的时候，他不得不因英语太差而放弃报考理想中的大学，现在也只能在一个普通的单位上班。

这样，孩子就会知道，偏科一定对理想的实现起阻碍作用。只要他重视这个问题，自己就会努力改变。

明天老师会讲的，不用提前看
——教孩子学会预习功课

在学习中，很多孩子都会有这样的观念："反正老师会在课堂上讲解课本中的知识，提前预习是没有必要的。"其实不然，预习对孩子而言不但很必要，而且很重要。只要用对了方法，预习在学习中的好处不胜枚举。

随着学习科目的增多和学习内容难度的增大，上课时，孩子不一定一听就懂，也不一定能顺利地跟上老师讲课的进度。如果能提前预习，孩子就能大致了解将要学习的内容，听课时就不会觉得很困难，也能轻松跟上老师讲课的步调。

而且，预习可以调动孩子听课的主动性，因为预习之后，孩子就知道自己哪些地方不懂，从而带着问题去听课，这样便很容易从"被动地听"转变为"主动地学"。另外，孩子的注意力能够集中的时间是有限的。经过预习，他上课时就很容易过滤出知识的重点与难点，并用注意力最集中的时间去听重点内容，从而达到最理想的听课效果。

不仅如此，预习还能帮助孩子提高记笔记的效率。因为，如果孩子不预习，对所学的知识完全是陌生的。上课时，他只能机械地去抄老师的板书，分不清哪些知识是课本中有的，哪些知识是老师补充的，于是"胡子眉毛一把抓"，整节课只顾着记笔记了，学习效率却没有提高。但是预习之后，笔记就有了针对性，记录效率自然不低。

从长远看，预习还可以培养孩子的自学能力。因为在预习中，孩子要独立阅读和思考，并从中发现问题，分析问题。时间一长，孩子的阅读速度、思维敏捷度、质疑能力都会得到提高,而一旦他的自学能力增强了,我们就不用为他的学习发愁了。

既然预习有这么多好处,那我们就一定要教孩子学会预习功课。

把"预习"和"提前学习"区分开

"预习"和"提前学习"完全不是一个概念,我们不提倡让孩子提前学习课本知识,但是鼓励孩子提前预习。那么,预习和提前学习有什么不同呢?

提前学习的目的是掌握知识,解决学习中的疑惑,而预习的目的仅仅是使孩子能够发现问题,比如,孩子在语文预习中发现对某句话的意思不理解,于是在课堂上便带着这个问题去听课。所以,预习既不需要孩子弄懂知识,又不需要孩子掌握知识。

所以,我们在辅助孩子预习功课的时候,一定不能让他觉得有负担,也不需要让他弄懂所有的知识,而是让他通过浏览找出自己的"疑惑处"即可,否则孩子会因不堪重负而厌倦预习。

教孩子合理安排预习的科目和时间

随着孩子学习科目的增多,让孩子每天都把所有课程预习一遍是不现实的,而且孩子预习习惯的养成也需要一个过程。一开始就让他预习很多课程,他会因无力承担而退缩。所以,我们先让孩子从一两门较难的功课开始预习,等孩子对预习方法有所掌握,并感受到预习的好处后,再根据他的能力帮助他扩大预习范围。

另外,孩子的预习时间不宜过长,大概30分钟即可。在有限的时间内,我们要引导孩子将大部分时间分配给自己比较薄弱的学科,而对于自己比较擅长的学科,则可以不作为预习重点。

教孩子掌握一定的预习方法

预习的方法有很多,但是最基本的方法就是:浏览、批注、记笔记。我们可以教孩子先把将要学习的内容浏览一遍,使他对知识有大致的了解;然后再读一遍,在这个过程中,辅导孩子学会给自己不懂的知识做批注。如果不方便在课本上做批注,就让孩子把有待解决的问题记在笔记本上。这样，孩子就知道他明天在课堂要学到什么了，而不是糊里糊涂地"一听了之"。

教孩子学会使用符号

　　孩子在做批注的时候，一定要使用一些符号，比如，在不懂的字词上标上"（）"，在自己认为的重点旁边画上"★"，在不懂的段落旁边打上"？"，等等，这样，孩子就能一目了然地知道自己的问题是什么了。

　　当然，我们要让孩子学会把这些符号"固定"。也就是说，对于同一种疑问，应该统一使用一种符号，不要就一种问题，今天用"★"，明天用"（）"，这会对孩子的思维造成干扰，从而降低预习效率。

这个内容，我也不知道老师讲过没有！

——让孩子在课堂上集中注意力

在孩子的学习过程中，"上课听讲"应该是最重要的一个环节。如果孩子能够集中注意力，认真听老师讲解，紧跟老师的思路，并及时掌握所学的内容的话，他的学习效率一定不会低。相反，如果孩子上课总是开小差、跟同学说话、做小动作，那肯定不能集中注意力去听课，也自然无法掌握知识和应用知识解决问题，成绩差也是在所难免的了。

四年级的李波上课总是一副心不在焉的样子，注意力集中不了几分钟就转移了，不是在底下做小动作，就是想着和同学说上两句，心思总是不在学习上。原来，李波的家庭条件特别好，父母总是给他买一些电子玩具，他也总是把其带到学校，上课无心学习，只想着如何在不被老师发现的情况下，拿出玩具来玩一玩。久而久之，李波手边就算没有玩具，也无法集中注意力学习了。

李波是因为上课时总是被其他事情吸引而无法控制自己的注意力的。当然，引起孩子上课注意力不集中的原因有很多，除了李波表现出的状况之外，还有许多：也许是因为孩子本身就不是一个专注度很高的人，做什么事情都专注不了；也许是因为孩子遇到烦心事，思想混乱，无法安心听老师讲课；也有可能是因为太爱说话，因和同学聊天干扰了学习……针对孩子的不同情况，我们就要找到不同的解决方法。只有对症下药，才能帮助孩子。

多与老师沟通

很多时候，孩子在课堂上注意力是否集中，我们不得而知，但是，老师肯定心如明镜。那么，我们就要多与老师沟通，了解孩子在课堂上的学习情况，看看如何配合老师做好教学工作。

如果老师确实反映孩子专注度很低，我们就可以请求老师在课堂上多提问孩子。孩子被提问的次数多了，就因害怕回答不了问题而不得不专心听课。这种方法最适用于上课爱说话的孩子，当他控制不了自己的时候，就要用外力去帮助他控制。当发现老师时时刻刻在关注自己的时候，他就不敢说话了，听课效率也会有所提高。

读诵经典提升孩子的专注度

如果孩子做什么事情都定不住，不是东张西望，就是摸摸这儿动动那儿的话，说明孩子定力很差，表现在课堂上就是注意力难以集中。针对这种情况，我们就要有耐心帮助孩子慢慢改善，而读诵经典就是一个不错的方法。

我们可以选一部适合孩子读诵的经典，比如《弟子规》《三字经》《大学》《论语》等。我们每天抽出20分钟左右的时间，和孩子一起朗读。只要坚持不懈，孩子不但能从经典中了解做人做事的道理，专注度也会在不知不觉中得到提升。不久之后，我们就会惊喜地发现，孩子不仅上课不走神了，学习效率提高了，还显得比以前懂事了许多。

别让物质转移了孩子的注意力

有时，孩子上课的注意力不能集中，是因为他的心思不在学习上。比如李波，他的心思总是放在玩电子游戏上，还怎么能在课堂上专心学习呢？

同理，如果我们常常给孩子买玩具、衣服、零食之类的东西，孩子享受物质生活的欲望会愈加强烈，学习的心思也会随之分散。当孩子听课的时候，他可能会想着玩一下手边的游戏，想着吃个什么零食，想着哪双鞋子很好看，或者想着哪件衣服还不错，等等。当孩子的心思被这些东西牵扯的时候，他不但没有心思专心听课，还很容易被周围的"风吹草动"干扰。

因此，我们不要将过于优越的物质充斥到孩子的生活中，只有简单的生活条件才能塑造出一门心思学习的孩子。

帮孩子解除心中的困惑

如果孩子遇到了不顺心的事情，也会影响听课效率，比如，孩子最近总被高年级同学欺负，内心充满恐慌；或者孩子在人际交往中，遇到了自己不能解决的问题；或者孩子遇到了某方面的困难……如果事情重大到让孩子不安的时候，他自然难以用平静的心去听讲。

所以，我们要善于观察孩子的言谈举止，及时发现他的问题，通过有效的手段帮他解除心中的困惑。只要他的心平静了，在课堂上的注意力自然就能集中。

下课我再抄××的笔记！

——教孩子学会及时做笔记

在低年级时，孩子的学习内容相对简单，教学大纲对孩子的要求也主要以了解知识为主，所以，上课时不太需要做笔记。然而，孩子到了小学高年级、初中、高中阶段，知识难度逐渐增强，对孩子的要求也不仅仅是了解知识了，而是要能够掌握和应用知识，那么，做笔记就成了课堂学习的必要步骤。

六年级的孟桐成绩不错，学习对他而言是一件很轻松的事情。原来，从他上六年级的第一天起，妈妈就对他提出了新要求——做课堂笔记。

妈妈说："六年级的学习对你很重要，你上课的时候试着做一下课堂笔记。怎么做呢？不用专门的笔记本，就是一边听课一边把老师强调的重点和难点在课本上标注出来，这样可使学习印象深刻，复习的时候也一目了然。"

孟桐就按妈妈说的做了。一学期过去之后，孟桐尝到了做笔记的甜头。于是，他自己准备了一个笔记本，上课时，把自己认为该记录的、想记录的知识，都记在本子上。这样一来，他听课效率特别高，课后不用花费太多时间，就能巩固所学的知识。

做笔记可调动孩子眼、耳、脑、手一起活动，以此促进对课堂内容的理解，而且，做笔记有助于孩子对所学知识的复习和记忆。另外，老师在课堂上会讲授书本以外的知识，而记笔记就有助于积累资料，扩充新知。

所以，有效地记笔记对孩子学习帮助很大，我们一定要教他学会记笔记。

教孩子在生活中养成随手记录的好习惯

楠楠的妈妈是全职太太，总是能把琐碎的家庭事务打理得井井有条。每天晚上，妈妈都要把第二天要做的事情一项一项地写在本子上。第二天，完成一样时，就及时地划掉一个，并检查还有哪些没有完成，或者记录变动的情况。后来，妈妈把自己的经验传授给楠楠。在妈妈的培养下，楠楠也养成了随手记录的好习惯。

只要孩子在生活中养成"心有疑，随札记"的习惯，他就会把生活和学习安排得有条理、有规律。随着年龄的增长，他会很容易把这个习惯应用到课堂的学习中。

给孩子提供做笔记的技巧

做笔记的方法很多，在孩子自己尚未总结出来的时候，我们就要给他提供一些可行的技巧，供孩子借鉴。

一开始，我们不用让孩子把笔记记在本子上，而是让他试着在书本上做标注。等他完全掌握了这种方法后，我们就可以引导他把笔记记在本子上。我们可以教孩子把常用的字词用符号表示，这样可以节省时间。如果学习内容很多，我们可以建议孩子把重要的内容记在一页的正面，把次要的内容记在反面，使主次分明；另外，我们还可以给孩子准备红、蓝两色的笔，让孩子用蓝笔做普通记录，而重点内容用红笔勾勒出来。

我们只要给孩子提供类似的方法和技巧，孩子就不会因不会记录而犯难了。

别让孩子走进做笔记的误区

做笔记虽然对孩子的学习有好处，但是如果没有正确的引导，孩子就很容易走进做笔记的误区。

有的孩子一上课就开始记，不停地记录，把课堂笔记变成了课堂实录，将课堂中的"听"与"记"本末倒置；而有的孩子写字速度慢，记录又没有方法，导致思路跟不上老师的讲课速度，到头来，课没听好，笔记也没记好；又有的孩子在课堂上不愿做笔记，下课去抄别人的笔记，把记笔记变成了练字；再有的孩子虽然有效地记了笔记，但是从来不看笔记，重视了过程，忽略了结果，致使笔记没有发挥应有的作用。

　　我们要让孩子明白，在课堂上，听课是最重要的，做笔记是课堂学习的辅助，而笔记主要记录的是重点、难点和需要课下解决的疑点，不是什么都记。做笔记的目的是更深入地理解知识，为复习打好基础，如果从不看笔记，还不如不记。总之，我们要给孩子提供正确的引导，以避免他走入误区。

老师讲的我都会了，不复习了！

——指导孩子做好课后复习

对于所学的知识，孩子学到什么程度才可以称得上是"会"了呢？所谓"会"，应该是在记忆的基础上，能够掌握并应用知识。如果我们问孩子一个他所学过的知识，孩子回答得模棱两可，似是而非的话，说明他并没有把知识牢记于心，更称不上"会"了。所以，"记住"是学会的基础。

那么，孩子仅仅通过课堂学习和完成课后作业就能完全掌握所学的知识了吗？显然，只靠听课和写作业是不够的，那么，复习就成了学习过程中的重要环节。而复习的最直接好处就是加强记忆。

德国心理学家艾宾浩斯发现，人的大脑存在遗忘规律。也就是说，记忆之后的遗忘是有规律的、不均衡的。据他研究发现，在记忆之后的最初阶段，遗忘的速度很快，随着复习的深入，遗忘就逐渐减慢了，再坚持复习一段时间后，几乎就不再遗忘了。这说明遗忘的发展规律是：先快后慢。

一位中学老师做了一个实验：他让两个班的学生学习同一段课文。学习之后，他组织一班的学生进行一次复习，而二班不复习。第二天，他对两个班进行测验，结果，一班有90%以上的同学记住了那段课文，而二班保持率是50%；三天后，又同样在一班复习一次。一周之后，一班依然有80%的同学熟悉那段课文，而二班能记住课文的同学只占全班的30%。

由此看来，复习可以帮助孩子牢记知识，孩子也能通过复习更深入地理解知识，并逐渐把知识融会贯通起来，为己所用。因此，我们不要轻易听信孩子"会了"的言论，而要指导他做好课后复习。

督促孩子做到及时复习

"艾宾浩斯遗忘曲线"的规律显示：记忆材料后的 48 小时之内，遗忘速度最快，遗忘率可达到 72%，也就是说，如果孩子在两天之内都不复习学过的知识，那就基本上把 72% 的知识还给了老师。但是如果孩子能够及时复习，遗忘率就会自然降低。当然，如果孩子过几天还能再复习一遍的话，基本就能达到不遗忘的程度，学习成效会更加显著。

所以，我们要让孩子知道：当天的内容最好当天复习，最迟也不要超过两天，否则，所学的知识只是在大脑中留了印象，下次集中复习起来会更加困难。

指导孩子定期复习

定期复习是巩固知识的最好方法。比如，孩子当天新学了几个单词，除了当天复习之外，我们可以引导孩子以"周"和"月"为单位定期复习。在学过知识的最初一段时间，孩子复习的频率可能要多一些，随着记忆巩固程度的提高，定期复习的间隔时间就可以相对拉长。这样，所学的知识因为得到了反复复习而不会轻易被忘记。

让孩子感受间隔复习的好处

所谓间隔复习，就是将原本需要一次性复习的内容分成若干次复习，比如，将需要 4 个小时复习的知识，分做 4 次复习，每次复习时间为 1 小时。

晓晓的语文老师布置了背课文的作业，要求 3 天内完成。很多同学都等到第三天才花费大量时间背诵。而晓晓则在妈妈的指导下采用了间隔复习法，每天背 2 遍，这样，晓晓很轻松地完成了背诵。

所以，我们可以根据孩子学习的内容，用间隔复习法帮助他提高学习效率。

给孩子提供一些好的复习方法

什么样的复习方法适合孩子？那要看孩子本身的特点。一般情况下，阅读、背诵和做练习是常用的复习方法。不过，有一种复习方法不但适用于大部分孩子，而且效果很好，这就是"回想式复习法"。

当一章或一单元的知识学完后，我们可以让孩子简单看一遍课本，然后把书合上，再让孩子回忆这一章学了哪些知识，比如，学了哪些生词，掌握了哪些公式，背会了几个单词等。孩子能准确回忆起来的内容，说明他掌握得很牢固，回想不出来的或者错误的，就需要他通过复习进一步巩固。

这种复习方法不仅可以让孩子知道自己在学习中的"缺漏"在哪里，还有助于让他在回想中把所学的知识联系起来。因此，一种好的复习方法可以达到事半功倍的效果。

这么偏的知识，你也知道？

——教孩子全方位获取信息的方法

通常，我们一提到孩子的"学习"，就会直接想到他在学校的学习情况，只要一提到"知识"，就会联想到学校里的课本知识。其实，"学习"和"知识"的范围并没有这么小。

上五年级的刘铭特别喜欢看课外书。

清明节的前一天，老师向大家通知完扫墓事项后，还特意给他们讲解了清明节的来历。讲完，老师接着问了一句："那你们知道今天是什么节日吗？"

同学们都面面相觑，但刘铭举手说："老师，今天是寒食节，也叫'冷节'。"

老师说："这么偏的知识，你也知道？那你知不知道寒食节的来历？"

没想到，刘铭大声说："知道，传说这个节日是纪念春秋的介之推。介之推是晋国的贤臣，晋国发生内乱时，他曾跟随晋国公子重耳逃亡国外……"

就这样，他把寒食节的来历讲了一遍，同学们都发出了赞叹声。

老师问："你是怎么知道的？"

刘铭说："昨天妈妈给我买了一本新书，书里介绍了各个节日的来历，关于寒食节的来历，我也是昨天才知道的。"

对孩子而言，读课外书的确是获取知识的好途径。除此之外，我们应该给孩子创造更多的条件，让他有机会全方位地获取知识和信息。

当他接触到更多更新的知识时，他的探求欲望不但会增强，学习能力也会随之提升。这样发展下去，孩子就会成为一个知识渊博的人。

带孩子逛书店

书店里的书籍种类繁多，所包含的知识信息量庞大，孩子置身于其中时，就像一块干瘪的海绵被放置于大海中，可以肆意地吸收养分，直到吸"饱"为止。所以，我们可以利用周末带孩子逛书店，他会寻找自己感兴趣的书籍来阅读，并从中获取信息。

当然，我们一定要让孩子遵守书店的规章制度，不能边看书边吃零食，要将看完的书放回原处等，我们要让孩子知道：一个尊重知识的人，一定会爱惜书籍。

常常陪孩子参观博物馆等场馆

萧然对自然科学很感兴趣，总会利用周末去科技馆参观。为了满足萧然的求知欲，妈妈干脆利用假期带他去北京旅游，让他好好参观一下北京的各大博物馆。

在北京的那几天，萧然不但在科技博物馆看到了最前沿的科技产品，还在自然博物馆里看到了很多恐龙化石，在军事博物馆里看到了真实的飞机大炮，在艺术博物馆里看到了很多世界名画……看得萧然流连忘返，感叹道："不虚此行！"

博物馆、科技馆、天文馆等地方是帮助孩子获取信息、开阔眼界的最好场所。孩子虽然会在书本里接触到关于历史、地理、军事、天文、考古等科普知识，但是知识范围毕竟有限，而且书本中的文字和图片过于抽象，不如场馆中所陈列的实物形象生动。

所以，我们应该常常陪孩子参观博物馆等场所，让他用敏锐的眼睛去搜罗知识，这样不但印象深刻，眼界也会更开阔。

带孩子探访名胜古迹

名胜古迹中有很多关于历史、地理、人文等的知识，孩子在探访的过程中会激发起学习的兴趣，增强求知欲。但是，在探访之前，我们最好先和孩子一起了解一些相关的历史文化常识，这样，孩子在看到那些古建筑的时候，就不会觉得没意思，反而会不自觉地"想"起曾经在这里发生的一切。当孩子能把历史知识和名胜古迹联系起来的时候，探访就会有趣得多。

引导孩子认识动植物

芹芹的妈妈随身会带一个照相机，当芹芹在公园里问妈妈"这是什么花"的时候，妈妈都会拿出照相机"咔嚓"一下，给花和芹芹留个影，然后对芹芹说："咱们回家查去！"

等回到家，妈妈就和芹芹坐在电脑前开始搜索相关资料，查出来之后，妈妈会把该植物的花名、属性等基本常识告诉芹芹。

在妈妈的引导下，芹芹也学会了认识植物的方法，不过她用自己的画笔代替了妈妈的相机。

我们应该常常带孩子接触大自然，并引导他认识动植物，即使我们知识量有限，但只要留心观察，勤于查阅，孩子就会学着我们的样子去获取有效的信息。

利用网络获取信息

网络是孩子全方位获取信息的好途径。我们要教孩子学会在"搜索栏"中输入关键字，这样，相关的信息就会"映入眼帘"，孩子再通过比较和筛选，就能获取自己所需的信息。

但是，在孩子利用网络搜寻信息的过程中，一些不健康的、低俗的信息也会被孩子的眼睛捕捉到，那么，我们就一定要告诉孩子："某些信息是不能浏览的，否则，不但会使电脑瘫痪，也会污染自己的心灵。"只要孩子懂得主动屏蔽低俗信息，他就能高效利用网络获取有益的信息。

我背了好多遍，还是记不住！

——给孩子传授一些记忆方法

孩子记忆能力的强弱直接影响着他的学习效率。有的孩子记忆能力强，会在很短的时间内记住所学的知识，而有的孩子花了很多时间，背了很多遍，也没记住多少，那到底是他的记忆能力太差，还是没有掌握有效的记忆方法呢？

佐治·乌希林是1989年世界吉尼斯纪录的记忆冠军，他不是天生就有超强的记忆能力。1984年时，他所学的课程中有很多内容很难记忆，于是，他就去图书馆找了一些帮助提高记忆的书，从中学了一些秘诀，并经过长期的训练，最终拥有了超强的记忆能力。

从佐治·乌希林的例子中我们知道：强大的记忆能力是可以被锻炼出来的。记忆是人的大脑对经历过的事物进行储存和再现的能力，孩子是否能够把经历过的事物完好地储存，虽然和孩子天生的资质有一定关系，但是更多的是要靠后天的训练。

所以，无论孩子目前的记忆能力如何，我们都要有意识地培养他，让他掌握一定的记忆规律和记忆方法，使他能开发自己大脑的潜力，高效学习。

给孩子提供有利于记忆的生活环境

有效的记忆是需要有良好的环境和轻松的心情做基础的。孩子的饮食、起居、生活环境都会影响他的记忆。

在饮食方面，我们应该让孩子多吃五谷杂粮、水果蔬菜，比如，小米、玉米、花生、菠萝、菠菜……这些食物能延缓脑功能衰退，为大脑增加营养，促进血液循环，增强记忆力。

在起居方面，我们要尽量选择蓝色、灰色等色调来布置孩子的房间，这样可以让孩子的情绪处于相对稳定的状态，使他能够集中注意力去记忆事物。

而早睡眠是使大脑恢复机能最有效的手段，所以要让孩子养成早睡早起的习惯。另外，家庭的陈设也要干干净净、井井有条，因为杂乱无章容易干扰孩子的视线，影响记忆。

教孩子科学利用最佳记忆时间

人脑一般有四个记忆高潮：第一个高潮是早晨起床后，此时，由于大脑经过一夜休息，会对学习的知识印象清晰；第二个高潮是上午8:00—10:00，这时，人的精力最旺盛，学习知识容易理解和消化；第三个高潮是18:00—20:00；第四个高潮是睡前1小时。

根据这一规律，我们就可以让孩子在记忆高潮期进行学习或复习。比如，让孩子在早晨起床后，读10分钟英语，或者把昨天学过的数学公式再记一遍。这种练习虽然时间短，但是孩子一旦养成习惯，记忆能力一定会得到提升。

当然，让孩子用临睡前的时间，对所学的知识进行短时间的记忆，效果也不错。总之，孩子只要能常常利用最佳记忆时间去练习，记忆能力就会在不知不觉中增强。

把好的记忆方法教给孩子

孩子之所以记不住所学的内容，主要是因为知识过于抽象，那么我们就要给孩子介绍一些有效的记忆方法，以增强其记忆能力。

1. 归类记忆法

归类记忆法就是让孩子通过对事物特征的认识，把同类的事物归为一类。比如，教孩子把关于水果（动物、蔬菜）的单词找出来，并归类记忆。归类本身就帮助孩子提高了理解能力和记忆能力。

2. 协同记忆法

协同记忆法就是让孩子的多种感官参与到记忆中来，比如，孩子在读书的同时读出声来，手底下再比画着，这样记忆效果会很明显。因为科学研究表明：仅用视觉去获得的知识，能够记住25%，由听觉获得的知识，能够记住15%，若把视觉与听觉结合起来，能够记住65%。所以，"读书"可能比"看书"更容易记住。

3. 分段记忆法

如果孩子要记忆一整篇文字材料，那我们就可以教孩子把整篇文章先分割成若干个部分，比如，分成前、中、后三个部分，然后一个部分一个部分地记忆，这样，孩子从心理上就觉得记忆的内容没有那么多，难度也没有那么大。

4. 图形记忆法

图形本身比单纯的文字容易记忆，所以我们可以将文字叙述用图形表述出来。比如，孩子需要记忆很多作者的姓名、出生年代、国籍和作品，我们就可以帮孩子制作一张图形表格，这样孩子一目了然，多看几遍就能铭记于心。

当然，记忆方法还有很多，我们还是要通过实践帮孩子找到最适合他的记忆方法，从而提高学习效率。

都用电脑了，就别费劲写字了！

——教孩子好好写字，不能潦草

在这个科技发达的年代，电子文件的使用率远远超过了手写文件，同时，"打字"在很大程度上也代替了"写字"。然而，对于正在学写字的孩子而言，是不是就可以不用好好写字，只要会打字就行了呢？

当然不是，暂不说文字是老祖宗智慧的结晶，孩子一定要爱字惜字。最起码，"字"也是孩子的"门面"，是孩子学习态度的表现。当过老师的人都有这样的体会：一张字迹工整、干净整洁的卷面，无论正确率高与低，都会让人有赏心悦目之感；而一本字迹潦草、杂乱无章的作业，即使正确率再高，也会"不堪入目"。可以说，认真写字是孩子对自己，也是对他人的一种尊重。

另外，孩子的字迹是否工整直接影响他的学习成绩。有的孩子因为字迹潦草，错把自己写的数字"7"看成"1"，最后导致计算错误；有的孩子在卷子上胡乱涂抹，老师实在找不到正确答案，只能画个大"×"；有的孩子写作文水平不低，但总因书写不规范而被扣分……结果还不是孩子自己吃亏？

正如一位老师所说："学生书写的好坏，直接影响着老师对这个学生学习态度、学习质量，甚至个人素质的评价，卷面就像一个人的面孔，老师常常会不自觉地依据这个'面孔'来给学生'打分'。"的确，一个孩子连字都不愿意好好写，他还能干好什么呢？

所以，虽然孩子身处"打字"多于"写字"的年代，但是我们还是要对他的书写提出要求，这不仅能提高孩子的书写质量，也能帮他培养认真仔细的做事态度，更可以帮助他提升整体素质。

用耐心手把手地教孩子写好字

林老师教小学语文，她很重视对学生书写方面的培养。每次教新字的时候，她一定会在黑板上画上田字格，然后写上汉字的第一个笔画。写完之后，她就让学生们观察这一笔写在了田字格的哪个位置，起笔和落笔都分别在田字格的哪里。等学生们观察到位后，才让他们下笔写，学生们一边写，她一边下去检查。

她就这样一笔一笔地教学生们写字，学生在她的培养下都很喜欢写字，自然都愿意认认真真地写字。

手把手教孩子写字是一个"耐心活儿"。如果妈妈辅导孩子时很急躁，孩子就会受到感染。孩子用烦躁的心写字，写出来的字自然是潦草的。只有妈妈把心定下来，认认真真、高高兴兴地去教孩子，孩子写出的字才是安静而美丽的。

引导孩子观察字体结构

在孩子下笔写字之前，我们应该先让孩子观察字体结构，看看是左右结构，上下结构，还是半包围或全包围结构？观察字体结构是写好字的第一步，字的结构如果不协调，字就好看不了。

当孩子整体观察好了，还要进行局部观察。比如，字的第一笔在田字格的什么位置？起落笔分别在哪？孩子看准了，才能模仿得像。一开始，孩子肯定需要看一笔，写一笔，写完一个字可能需要一两分钟，这就是锻炼孩子耐心的时候。当我们看到他的进步时，毫不吝啬地说"好""不错""就是这样"，他就会不厌其烦地写下去。

让孩子自己看到进步

孩子在练习写字的时候，不可能一次就写得很完美，有时，他还会为自己写出的"丑字"而气愤，但是，正是这些"丑字"才会与练习之后的"美字"形成对比，使孩子看出自己的进步。

一天，上二年级的袁磊很惆怅地对妈妈说："妈妈，我的字写得很难看。"

妈妈看过袁磊的字,说:"没有关系,妈妈教你怎么写。"于是,妈妈就以他写过的"高"字为例,用正确的方法引导袁磊重新写了一个"高"。

当新写的"高"落笔的时候,妈妈说:"你看,这个'高'是不是比你前面的'高'漂亮多了?"

袁磊看了看,露出了难以掩饰的喜悦。

让孩子看到自己的进步是非常必要的。所以,我们不要一看到孩子没写好就说:"擦了重写。"而是要说:"没关系,写下去。"因为这个字可以成为孩子进步的见证。

不想了，网上搜答案去！

——教孩子重视思考，学会独立思考

著名教育家孔子曾说："学而不思则罔，思而不学则殆。"可见，思考是学习的灵魂。孩子的思考能力越强，学习效率就会越高。如果孩子不能把所学的知识放进"思考"这个熔炉里去熔炼的话，他永远都不能真正掌握知识并应用知识。

著名数学家高斯10岁时，他的数学老师给包括他在内的所有学生出了一道算数题："1＋2＋3＋4＋…＋98＋99＋100＝？"孩子们立刻在草稿纸上计算了起来。

只有小高斯没有动手计算，他看着这个题目，展开了思考。他思考的过程花去了相当于其他同学计算的一半时间。这时，老师过来问他："为什么还不开始做题？"

小高斯说："老师，我已经知道答案了，是5 050。"

老师十分诧异，原来，小高斯经过观察和思考发现：1＋100＝101，2＋99＝101，3＋98＝101……这样的等式共有50个，因此，这道题可以简化为：101×50＝5 050。

当小高斯把这个思路告诉老师的时候，老师禁不住大声表扬道："太精彩了！"

其实，这种精彩不取决于智商，而取决于思考能力。俗话说："大脑越用越灵。"一个总是用大脑思考问题的孩子，往往比那些不善于思考的孩子聪明；同样，总是把"大脑"闲置的孩子，也很容易变得呆滞和迟钝。所以，我们要鼓励孩子积极思考，让他成为一个擅用大脑的人。

启发孩子思考

有一天，芸芸问妈妈："水是什么颜色的？"

妈妈没有直接回答，而是让芸芸观察水管里流出的水，芸芸说："是白色的。"

于是，妈妈又拿一个蓝色的盆子盛满水，芸芸又说是："水是蓝色的。"就这样，妈妈用不同颜色的盆子装水，搞得芸芸晕头转向，思考了半天，终于说："水是没有颜色的。"

妈妈说："对，具体说，水是透明的。"

孩子会对周围很多事物产生好奇，此时，我们就可以借助他的好奇心启发他思考。当他绞尽脑汁思考出来的时候，他就会有成就感，就会爱上思考。那么，我们就等于为孩子思考能力的培养开了个好头。

别把答案直接告诉孩子

当孩子拿着数学题请教我们时，我们千万不要一五一十、详详细细地把答案或演算过程直接告诉孩子。这样只会增加孩子的依赖心理，久而久之，他就干脆懒得思考了。所以，当孩子问我们的时候，先让他自己想，如果他实在想不出来，我们可以一步一步地引导他想。我们的引导就是在培养他的思考能力，慢慢地，孩子就从我们的引导中，学会了如何思考，按什么步骤思考等，这样时间一长，孩子的思考能力自然会得到提升。

引导孩子从不同角度思考问题

李老师每次给学生们出完数学题，都鼓励他们用不同的方法去解答，看谁想的方法多。每到这时，大家都开动脑筋，使劲思考。然后，李老师就会请孩子们把各种各样的思路写在黑板上，再比较、分析和讲解。这个环节总能激发孩子们的思考欲望。

我们也可以借鉴李老师的办法，针对一个问题和孩子一同思考。思考之后，我们可以把各自的思考角度和思路说出来，这样互相切磋，孩子也会拓展思维，从中受益。

积极肯定孩子的思考行为

当孩子不想思考，想直接寻找答案的时候，我们就要鼓励他说："这么聪明的大脑，现在不用，什么时候用？好好想一想，一定能想出来。"如果孩子想出了答案，我们更要去肯定他，可以这样说："真不错，只要开动脑筋，肯定会有好办法。"即使孩子没有收获，我们也要安慰他说："没关系，脑子只要用起来，就会越用越灵。"

当孩子听到了鼓励声，就不会把脑子闲置不用。而且，当他经过思考解决学习中的困惑时，他就会有一种强烈的满足感，再加上我们的肯定，他就会把独立思考视为一种享受。

第五章

我发现习惯真的很重要！
——培养孩子良好的学习习惯

如今很多父母不惜投入大量的时间、精力和金钱为孩子报补习班、聘请家教，但收效甚微。问题就在于我们只注重让孩子学习科学文化知识，却忽略了培养他良好的学习习惯。良好的学习习惯表明了一种学习态度，也是良好的学习方法的体现，孩子只有养成良好的学习习惯，其学习效率才会更高。因此，我们一定要注重培养孩子良好的学习习惯。

快走，蚂蚁搬家有什么好看的？

——培养孩子观察的习惯

观察是孩子认识世界、获取知识的主要途径，如果把孩子的观察比作蜜蜂采蜜的话，那么思维等心理活动就是将花粉酿成蜂蜜的一个过程。可是如果没有良好的观察能力，孩子的思维能力以及吸收知识的能力都会受到限制。

晚饭后，7岁的强强和妈妈一起在公园里散步。走着走着，强强的视线一下被墙角下的3只蚂蚁吸引住了，它们正在费力地搬运一块儿体积比它们大几十倍的饼干渣。强强感到十分好奇，于是蹲下身仔细观察起来，边看边问："妈妈，这些蚂蚁是怎么做到的？"

站在一旁的妈妈显得略微有些不耐烦："快走吧，蚂蚁搬家有什么好看的？"可是，强强一副意犹未尽的样子，仍然继续观看。这时，妈妈大声说道："你不走，我可走了啊！"眼看着妈妈就要生气了，强强才勉强站起身，极其不情愿地跟着妈妈走了。

孩子的观察能力是在观察活动中慢慢发展起来的，蚂蚁托运食物在我们看来早已习以为常，可是对孩子来说却是一件新鲜事儿。如果我们因为自己不耐烦，就制止孩子观察，无疑会导致他失去一次增长知识的好机会。

因此，我们千万不要轻易就终止或者打扰孩子的观察行为，相反要引导他有目的地观察，让他在观察中学到一定的知识，这样他的观察才更有意义。

和孩子一起观察蚂蚁

蚂蚁是训练孩子观察能力的好"教材"。它们有组织、有纪律，分工也极其精细，每只蚂蚁各尽其责，虽然个子小，但是具有良好的团队合作精神。因此，在蚂蚁出没的地方，我们不妨放一些馒头渣、饼干渣之类的食物，然后和孩子一起耐心地观察蚂蚁们是如何通力合作，把食物搬进自己巢穴的过程。此外，我们也可以鼓励孩子养花或者养鱼、乌龟等小动物，在让他悉心照料它们的同时，也鼓励他仔细观察它们的变化。

用游戏训练孩子的观察能力

我们可以通过让孩子观察图片、卡通玩具、积木等道具训练他的观察能力。比如，将一堆不一样形状的积木倒在地板上，让孩子按照积木的形状或者颜色进行分类。我们也可以用两张相似的图片，让孩子找出哪些地方不一样。这样不仅训练了他的观察能力，还培养了他归纳总结的能力，使他变得更加细心起来。

引导孩子有目的地观察

一般孩子的观察活动带有很大的无意性，目的也往往不明确。他们喜欢凭借自己的兴趣，只关心自己好奇的那一部分。这就需要我们引导孩子的视线，鼓励他全面观察。比如，要求孩子看图说话，我们可以在一旁引导他，图中画了什么东西？是什么时间？大家都在干什么？是什么表情？等等。在我们的引导下，他也就渐渐掌握了观察的要素，并以这些问题为线索，进行有目的的观察，其观察能力也就会得到相应的提升。

教孩子掌握基本的观察方法

观察是一个复杂而细致的活动，一般来说，观察方法主要有这样几种：一是按照事物出现的时间，由先到后进行观察；二是按照事物所处的空间，由远及近或由近及远进行观察；三是按照事物的外部特征，由大到小或由小到大进行观察。在引导孩子观察的过程中，我们可以慢慢把这些方法教给他，同时引导孩子提问，并让他用多种感官去观察。在观察活动结束后，我们还可以鼓励孩子记录观察日记，以此加深他的记忆。

孩子，坐正了，别歪啊！
——教孩子注意坐姿、用眼等小细节

"手离笔尖一寸，胸离桌子一拳，眼离书本一尺"是孩子从小就应养成的正确坐姿。可是看看现在的孩子，只顾着努力学习，早就把正确的坐姿抛在脑后了。结果斜视、弱视、近视、驼背等现象在孩子中间越来越普遍。

明明刚上五年级，就戴上了厚厚的眼镜，而且走路或者站立的时候还略微有些驼背。而造成他驼背和近视的根本原因就是因为他错误的坐姿。每次写作业的时候，他都驼着背，离书本很近，恨不得一头"扎"进书本里。有时候坐累了，他则干脆左臂搭在桌子上，头枕在上面看书。时间久了，就成了现在这个样子。

现在，妈妈开始注意纠正明明的坐姿，在他驼背的时候，会轻轻地拍拍他的背，提醒他坐直；当他眼睛离书本的距离很近时，妈妈会在一旁提醒"眼睛"，他就会意识到自己离书本太近了，并主动把头抬高。渐渐地，他错误的写字姿势慢慢被纠正过来了。

有的孩子学习时，喜欢侧着身体，一只手写字，另一只手托着下巴，支撑着头；还有的孩子身体喜欢贴着桌子，整个人就像没了骨头，摊在了桌子上；还有的孩子坐着时喜欢跷着二郎腿或者把腿叉得很开。这些都是典型的不正确的坐姿。

由于孩子正处于长身体的阶段，其骨骼发育还不完全，长期保持这种不正确的坐姿会导致他的脊柱变形，严重的话还可能影响他胸廓的发育，驼背就是一个最常见的表现。同时，不正确的坐姿还会导致孩子视力下降，使他小小的年纪就戴上厚厚的眼镜。

相信每位父母都不希望这种情况发生在自己的孩子身上。因此，为了避免这种情况发生，我们一定要及时纠正孩子的不良坐姿，使他养成正确的坐姿习惯。

教孩子保持正确的坐姿

孩子学习时，应该保持以下正确的坐姿：身体略微后仰或者与地面垂直，不要过度前行，后背保持正常的生理弧度"S"形，这样的曲线形脊柱可以起到缓冲器的作用，更好地支撑身体的重量。手臂自然平放在桌面上，缓解来自肩部的压力。双脚平放在地面上，不可悬空摇晃，膝盖的弯曲度应该在85°~110°。

当孩子写作业时，除了要做到以上几点，还要保持"一拳、一尺、一寸"的原则，即身体与桌面保持一拳的距离，抬头挺胸，防止驼背；眼睛与书本保持一尺的距离；手指和笔尖保持一寸的距离，以防止斜视或者脊柱侧弯。当孩子做到以上几点后，基本就可以保持一个正确的坐姿了。

纠正孩子错误的坐姿

对孩子跷二郎腿、弯曲着身体趴在桌子上写作业等错误的姿势，我们一定要及时纠正。最开始的时候，我们要耐心地给他讲解这些不良姿势的危害会给身体带来什么负面影响。当知道这些危害后，他偶尔还会不经意地做出这些动作来，这时，我们就不要再喋喋不休地给他讲解危害了，否则会引发孩子的反感情绪。我们只需要轻轻拍他的背或者用简短的语言"背""眼睛"等提醒他，他就会意识到自己错误的姿势了。

不要让孩子坐得太久

不管孩子的坐姿正确与否，我们都要提醒孩子坐的时间长了，要适当地休息一下。因为长时间坐着会使他体内血液携氧量减少，引起肌肉酸痛、僵硬、萎缩，当肌肉疲劳了，就不足以支撑他的身体，所以趴在桌子上、一只手支撑头部等各种现象就会出现。当孩子学习久了，我们一定要提醒他酌情调整自己的身体姿势，或者站起来活动一下，做做后伸、左右旋转腰部等动作，或者外出走动走动，呼吸一下新鲜空气，然后再投入学习中去。

调节桌椅的高度

一般来说，孩子学习的椅子以有靠背并带扶手的椅子为佳，以便起到支撑的作用。而且椅面不要太软，否则会影响他的骨骼发育。同时，在为孩子选择桌椅时，最好选择可调节高度的，这样随着孩子身高的增长，我们可以随时把桌椅调节到一个合适的比例。

如果孩子的椅子过高，我们可以在椅子下面放一个小板凳，以保证孩子的双脚平稳地放置在上面。同时，我们还要注意灯光，不要太暗，也不要太亮，最好选择保护视力型的台灯。

妈妈，我再玩一会儿，就一会儿！

——让孩子远离学习拖拉的坏毛病

孩子上学后，令我们父母操心的事也随之而来了。孩子学习主动性差，写作业拖拖拉拉，学习效率低成为摆在我们面前很棘手的一个难题。

同同上二年级，学习一直不主动，不仅上课思想不集中，放学后还不知道主动写作业，每次都等看完动画片或者玩够了才想起作业这回事来。有时，妈妈也会催他："快去写作业。"而他每次的回答都是："妈妈，我再玩一会儿，就一会儿。"听到儿子的回答，妈妈也就不再催他。可是他"这一会儿"有时是半个小时，有时一下就是 1 个小时。结果经常看见同同晚上 10:00 多了还在台灯下赶作业。为此，妈妈又心疼又头疼。

一般情况下，当孩子玩得正专心或者看电视看得正投入时，如果我们催促他去学习，只会换来两种结果：一种是孩子觉得我们很烦，不服气地走开了；另一种则是搪塞我们"再玩一会儿""再看一会儿"，可是他所谓的"一会儿"可能是 1 个小时，也可能是 2 个小时。

如果是第一种可能，孩子虽然去学习了，可是带着怨气，一定学不进去，当然也就收不到良好的学习效果了；而第二种结果同样没有起到让孩子学习的目的，相反只会令他变得更加拖拉起来。

那么针对孩子学习拖拉的毛病，我们到底应该以怎样的态度，使用什么方法纠正他呢？

孩子不爱学习，妈妈怎么办？

加强孩子的时间概念

当孩子因为贪玩或者看电视忘记了写作业的时候，我们要提醒他："快去写作业了。"如果这个时候他意犹未尽，用"我再玩一会儿，就一会儿"这类回答搪塞我们，我们可不要轻易就上了他的当，相反我们要给他灌输时间的概念，让他到了时间就去学习。

周末，8岁的婷婷正在电脑前上网，这时，妈妈走过来说："别玩了，快去学习。"婷婷答应了一声，可是仍旧坐在电脑桌前。这时，妈妈指着电脑屏幕的右下方，说："看看，现在几点？""9:25。"婷婷回答道。"好。"妈妈停顿了一下，继续说道："玩到9:35准时关电脑去学习。"只见婷婷点了点头。

一会儿，10分钟过去了，妈妈走到婷婷身边，问："几点了？"婷婷看了看屏幕上的时间，一看9:35了，冲着妈妈吐了吐舌头，自觉地把电脑关上，写作业去了。

妈妈看到婷婷玩电脑，并没有马上制止她，要她去学习，而是给了她缓冲的时间，规定她再玩10分钟。她的做法极大地表现出了对女儿的尊重，所以很容易赢得女儿的配合，这种方法值得我们每一位妈妈好好学习。

当然，在使用这个方法时，孩子可能会和我们讨价还价，比如，他要求再玩10分钟，时间到了，他可能要求再玩10分钟，这个时候我们可不能轻易妥协，否则这个方法就起不到纠正他拖拉毛病的作用了。

让孩子承担拖拉的后果

一般情况下，如果在我们多次催促之后，他仍旧继续玩，不去写作业，这时，我们就不要再继续唠叨了，相反可以采取"放任不管"的态度，让他尝一尝拖拉的后果。他可能会因为没有完成作业，第二天被老师训斥；也很可能晚上睡觉前才想起作业还没有做完，而着急地"挑灯夜读"，或者第二天早起赶作业。不管怎样，当孩子尝到拖拉带来的后果后，他就不再会因为贪玩而忘记写作业了。

当然，运用这个方法的前提是，我们提前给孩子讲过做作业拖拉的危害，也提醒过他及时做作业，这样当他尝到"苦果"时才不会怨我们没有事先提醒他。

和孩子一起制定写作业的规矩

让孩子远离学习拖拉的坏毛病的最好方法是提前和孩子一起制定好学习的规矩，比如，放学第一件事是写作业，写完作业才能玩或者做其他的事情；学习的时候要专心，不能边看电视边学，也不能边吃零食边学，更不能边听音乐边学习。如果孩子能做到这一点，他拖拉的坏毛病也就能慢慢被纠正了。

我没问题，所以我不举手！

——鼓励孩子在课堂上大胆提问，积极回答

积极举手发言不仅可以锻炼孩子的语言表达能力，还能提高他的注意力，同时对培养他的自信心也有一定的好处。但在课堂上，并不是每个孩子都很积极。有些孩子性格比较内向，或者胆子比较小，即使知道答案也很少举手发言。

9岁的晨晨学习成绩还不错，但是性格比较内向，上课从来不举手回答问题，偶尔被老师点到时，她也总是扭扭捏捏的，说话声音特别小。老师也曾和妈妈反映过晨晨的这个问题，但是妈妈没有太在意。

一天，妈妈帮晨晨复习功课，复习到某一个知识点的时候，晨晨说道："白天老师讲这个地方的时候我就没弄明白。"

"不明白你怎么不问呢？"妈妈疑惑地问道。

"其他同学都明白了，就我一个人不明白，多丢人啊。"晨晨小声说道。

这下，妈妈才明白女儿不爱回答问题的真正原因。沉默了一下之后，妈妈摸着晨晨的头说："在课堂上，学生的任务是把老师所讲的知识都弄明白，并不存在丢不丢人的问题。如果有不明白的地方就要大胆提问，这样老师才知道学生们哪个地方没有弄明白。"

晨晨听了，点了点头。

妈妈继续说道："上课的时候也要积极举手回答问题，说对了说明这个地方你理解得很好，说错了也不怕，这样，老师才能有针对性地纠正你的错误，帮助你进步。"

课堂是学生和老师互动的一个桥梁，通过提问，老师可以清楚地把握学生对某个知识点的掌握程度。但是如果孩子都抱有和晨晨一样的想法，害怕在课堂上说错，害怕丢人，那么课堂无疑就变成了老师的"独角戏"，学生学到的知识也就很有限了。

因此，对于孩子不爱举手回答问题的行为，我们一定要及时纠正，同时鼓励他在课堂上大胆提问，充分和老师互动起来。

鼓励孩子举手回答问题

在课堂上，当老师提出某一个问题时，有一部分孩子没有举手的习惯，相反喜欢在私底下你一言我一语地乱嚷嚷，结果导致课堂秩序非常混乱。针对这种现象，我们就要慢慢培养孩子举手回答问题的习惯。

我们要让孩子明白，在课堂上，不可以随便乱发言，要想说话，必须举手，得到老师的许可后，才可以说。这样才能使孩子养成举手回答问题的好习惯。

告诉孩子积极发言的意义

我们要告诉孩子，发言是充分表达自己思想的好机会，说得不对或者不好也没关系，至少证明自己仔细地思考过这个问题了。而且如果说错了，老师还会针对我们的错误进行讲解，这样我们才能更清晰地知道自己到底错在哪里了。下次思考问题的时候，才能避免犯同样的错误。

让孩子谨记回答问题时的注意事项

有些孩子回答问题时声音就像"蚊子叫"一样，小得几乎只有自己才能听见；也有的孩子站着的时候，身体七扭八歪，要么倚靠在桌子上，要么一条腿弯曲着站着。事实上，这些都是不好的行为习惯。为此，我们要告诉孩子，站起来回答问题时，身体要站直，两臂自然下垂，声音要洪亮，至少让班级中所有的老师和同学都听清楚，这才是正确的回答问题的方法。

教孩子思考问题的方法

有些孩子不喜欢举手回答问题,是因为他对老师提出的问题没有任何思路,于是就干脆等着老师说出答案,也不认真倾听其他同学的回答。事实上,这是错误的做法,暂且不论其他同学的答案是否正确,但是如果孩子认真倾听的话,往往能给他一些启发,帮他拓宽思路。而在这种启发下,他就有可能迸射出新的想法和观点来。因此,我们要告诉孩子,当对老师提出的问题没有思路时,不妨认真倾听其他同学的答案,在他们的回答中拓宽思维,积极思考。

积极向老师提问

在课堂上,有时候,老师讲完某一个知识点的时候,喜欢问同学:"这个地方明白了没有?"这时候,如果孩子没有明白,我们就要鼓励他勇敢地举手提问,告诉老师自己哪里还没有弄明白。如果老师没有这样问,孩子也可以主动举手,提问老师。

当然,如果问题过于复杂,我们应该鼓励孩子把疑问记录下来,等到下课后,再专门向老师请教,这样就不会影响老师的讲课进度。

我渴了！我要吃东西！我要……

——培养孩子的耐性，让他"坐得住"

一位妈妈提到自己的儿子："我的儿子上课时很不专心，做事情也没耐性，简直急死我了。"的确，缺乏耐性是如今很多孩子普遍存在的问题。

对很多孩子来说，学习是一件很枯燥的事情，学习的时候很容易分神，尤其是年龄小的孩子，他们的自我控制能力比较弱，如果这个时候，我们纵容他，让他随心所欲，久而久之，他就会养成"坐不住"的坏毛病了。

9岁的家兴上课注意力非常差，总是"坐不住"，小动作特别多，一会儿抠抠手，一会儿挠挠头，还时不时地和身边的同学说话，影响他人听讲。为此，老师没少批评他。

回到家后，家兴更加放肆了，做作业的时候还没做几分钟，不是削铅笔就是上厕所，有时还以口渴为借口，跑到客厅里玩一会儿。总之，他总能找出各种各样的借口干点别的事情。结果他的作业总是做得很慢，有时到晚上10:00多了才能做完。结果导致他第二天睡不够、赖床，时间长了就形成了"恶性循环"。

像家兴一样"坐不住"的孩子绝对不在少数，尤其是上课"坐不住"，会直接导致他听讲"听不进"，而"听不进"又会直接导致他"学不会"。可见，缺乏耐性对孩子最直接的影响就是学习成绩比较差。

此外，做事散漫、有始无终、自我控制能力差、适应性差等也是孩子缺乏耐性的表现。鉴于此，我们一定要有意识地培养孩子的耐性，使他学会克制自己懒散的行为。

和孩子"约法三章"

当孩子玩的时候，什么事都没有。可是一学习，什么口渴、肚子饿、上厕所、削铅笔等事情就全出来了。而为了避免这种情况的发生，我们可以提前和孩子"约法三章"，做作业之前，要把准备工作都做好，检查自己的学习用品是否准备齐全了；提前准备好一杯水，放在书桌上；要去厕所的话也要提前去，不要在学习过程中跑来跑去。当我们对孩子做出这样的规定时，他也就不会有"投机取巧"的想法了。

逐渐纠正孩子的不良倾向

当孩子学习时，如果频繁地上厕所、喝水，这就说明他在有意地拖延时间，能玩一会儿是一会儿。这时，我们不要急躁，也不要批评他，而是要逐步纠正他的不良倾向。比如，第一天，孩子学习1个小时，中途打断了4次；第二天，我们就要把次数控制在3次。当他坚持一段时间后，再把次数控制到2次……以此逐渐延长他学习的时间。值得注意的是，如果孩子有进步，我们一定要及时鼓励。

有意识地培养孩子的耐性

在孩子学习之余，我们可以从孩子感兴趣的事情入手，通过一些游戏，有意识地培养他的耐性。比如，平时，我们可以抽时间给孩子讲故事，故事的长度可以一天天增加，以此延长他集中注意力的时间。我们也可以和孩子一起做手工，磨炼他的耐性。此外，像玩沙、玩水等活动，都很容易吸引孩子的注意力，使他沉浸在其中，长期参与有利于培养他的耐性。

鼓励孩子再坚持一下

一位妈妈陪着刚上一年级的儿子学习，刚学了15分钟，儿子就已经提出了两次上厕所的要求。这一次，儿子又提出要上厕所。妈妈看得出儿子有些"坐不住"了。于是，她鼓励儿子说："妈妈知道你想去厕所，不过你还能坚持一下吗？咱们写完这一行字再去。"看到妈妈鼓励的眼神，儿子低下头，又写了起来，写着写着，他逐渐忘了要去厕所这件事，最后直到作业都写完了，他也没想起去厕所这件事。

孩子耐性差，记忆力也差，尤其是对于年龄小的孩子来说。正因为这样，案例中的男孩才会忘记自己要去上厕所这件事。其实，有的时候，孩子的耐性就是在我们的鼓励声中慢慢培养起来的，如果我们有意识地鼓励他坚持一下，引导他克服散漫的情绪，他就会坚持下来。因此，平时我们一定要有意识地鼓励孩子多坚持一下，引导他把精力投入学习中。

书桌好乱，但我不想收拾！

——教孩子保持书桌整洁、物品摆放有条理

儒家经典《弟子规》说："列典籍，有定处。读看毕，还原处。"意思是，放置书籍的地方要固定，书籍看完之后要放回原处，不可随意摆放。其实这就是规矩。可是看看现在的孩子们，书摆得到处都是不说，书桌上还乱七八糟的，什么都有，结果给自己带来了很大的不便。

9岁的素素有一个很好的学习习惯，每天放学回家后，第一件事就是写作业，写完作业后再玩。但是她也有一个不好的学习习惯，就是不会整理书桌，书桌上不仅有学习用具，像悠悠球、毽子、手套等其他东西也都放在上面。

一天放学后，素素稍微休息了一下，就开始学习了。可是学着学着，有一个地方写错了。于是，她翻遍了铅笔盒、书包等很多地方，都没有发现橡皮的踪影。最后，竟然在一本书里发现了它。正在欣喜之时，她想用橡皮把刚才错误的地方擦掉，却发现桌子已经被自己翻得乱七八糟，作业本也不知道被自己弄到哪儿去了，于是她又开始找作业本。经过这么一番折腾，半个小时就过去了。最后她因为拖延了完成作业的时间，心爱的动画片也没有看成。

素素因为没有有条理地摆放学习物品，导致自己用橡皮的时候找不到，而为了找橡皮，又拖延了学习的时间，最后没有看成动画片。其实，像素素这样的孩子还有很多，因为书桌很乱，要用某件用品时找不到，不用的时候却出现了。结果他们不得不中断学习，先去找东西，而这个过程就分散了他们学习的注意力。可见，物品随处乱放的坏习惯会

对孩子的学习造成一定的负面影响。

事实上，让孩子养成书桌整洁、物品摆放有条理的好习惯和提高学习成绩是同等重要的，当他养成这个好习惯后，学习态度自然也就端正了，也就能有效地改掉丢三落四的坏毛病了。

物品摆放要相对固定

我们要告诉孩子，书桌上只能放置与学习相关的用品，而玩具或者其他东西一概都不能放在上面。同时，我们还要和孩子商量好，学习用品不可以随手乱放，而是应该给每样东西寻找或者制作一个固定的"家"。比如，常用的书本要竖着摆放在靠墙的位置，取书的时候书名可以一目了然；经常用的画笔不可以散放在桌子上，可以给它们制作一个笔筒，这样看起来才更整齐……

不代替孩子整理书桌

在生活中，经常看到这种情况：妈妈一边抱怨孩子的书桌乱七八糟，一边忙着收拾，孩子则静静地站在一旁听着妈妈的训斥。训斥结束了，桌子也收拾好了，然后孩子很自觉地就会坐到书桌前写起作业来。事实上，我们的这种抱怨是没用的，如果我们总是代替孩子整理书桌，那么他就永远没有动手的机会。我们只有把这种能力教给他，他才能慢慢地学会自己整理书桌。最开始，我们可以演示一遍给孩子看，边演示边告诉他哪些东西应该放在哪里，然后试着让他自己亲手操作一番。这样一两次下来，他也就会知道如何整理书桌了。

让孩子养成收拾书桌的好习惯

孩子每次学习完之后，都应该把东西分类放回原处，养成主动收拾书桌的习惯。比如，用完的书本要放回书架，用完的学习用具要放回笔袋。收拾完之后，我们要鼓励孩子按照课程表，把第二天需要带的书本和学习用具整理好，放到书包里。这样不仅能保持书桌的整洁，还能防止他丢三落四，忘记带某种学习用品。

表扬孩子的劳动成果

周末,一位妈妈本来想让女儿写作业,可是看到书桌乱七八糟时,就先让女儿收拾书桌。女儿很听话,便开始认真地收拾起来,从桌上到桌下,从书包到书柜,她都不厌其烦地一点一点地收拾。同时,妈妈还在旁边不断地表扬她。结果女儿越干越来劲,最后不仅把书桌收拾得很干净,甚至连整个书房都收拾得规规矩矩的。看着自己的劳动成果,女儿喜不自禁,很有成就感。

偶尔让孩子收拾书桌很容易,但要让他养成每天都收拾书桌的习惯,就需要我们不断地监督,并及时表扬他,使他体会到一种成就感,这样他的好习惯才能在我们的鼓励之下慢慢养成。因此,当看到孩子主动收拾书桌时,或者看到他的桌子很整洁时,我们一定不要吝啬自己的表扬声,适时地给他鼓励。

我怎么就发现不了问题呢？

——培养孩子发现并解决问题的好习惯

美国物理学家爱因斯坦曾说过："发现问题常常比解决问题更具有意义，因为解决问题不过是数学或实验的技巧罢了。"从这句话我们不难看出发现问题的能力对孩子学习能力的培养有着重要的意义。的确，发现问题在先，解决问题在后，如果孩子能在解决问题的过程中不断发现新的问题，如此循环往复，他的知识也就会慢慢积累起来。

题海战术、填鸭式教学、纸上谈兵不过是在有限的知识结构下增长孩子的知识罢了，要想真正提高孩子的学习能力，我们就要培养他发现问题的能力。因为提出问题的过程也是检验孩子对所学内容的掌握程度的过程，其中必然伴随着分析综合、比较归纳、演绎推理等思维活动。可见，他的问题越多，越能激发出他的探索精神和解决问题的主观能动性，他独立学习的能力也就会变得越强。当他真正学会学习了，也就基本具备获取知识的能力了。

可是对有些孩子来说，主动提出问题太困难了。对于这样的孩子，我们怎么做，才能培养他提出问题、解决问题的能力呢？

不要忽略孩子的问题

其实，有时候并不是孩子缺乏发现问题的能力，而是他每次发现问题之后，都被我们取笑或者忽略，比如，像"天空为什么是蓝色的""鱼会流眼泪吗"等诸如此类的问题，我们也不知道如何作答，所以干脆不予理睬。事实上，对于孩子的问题，不管幼稚与否，不管是否超出了我们的能力范围，我们都要对他善于发现问题，勇于提出问题予以表扬和肯定，这样他提问题的兴趣才会越来越高。

引导孩子独立思考问题

当遇到问题时，孩子总是希望得到我们的帮助，或者直接从我们这里得到标准答案。这时，我们千万不要轻易地就给出明确的答案，否则会助长孩子对我们的依赖性。相反，我们要引导他独立思考，培养他独立解决问题的能力。比如，收音机突然不响了，我们可以鼓励他检验一下电池是否没电了，或者信号是否受到干扰了。这样，在寻找答案的过程中，他会慢慢培养起解决问题的能力。

当然，如果孩子不具备独立解决问题的能力，我们可以教给他查阅资料的方法，让他主动寻找问题的答案，这样他独立解决问题的能力也就能慢慢提高了。

和孩子一起讨论问题

当孩子主动向我们提出问题的时候，我们一定要予以重视，可以和他一起进行相关的讨论，引导他从多个角度思考问题。当然，既然是讨论问题，就不光是孩子主动向我们提问，我们也可以向他提问，引导他进行思考，开阔他的思维，使他的大脑经常处于活跃的状态，以此锻炼他的思考能力。

带领孩子走进大自然

如果孩子每天都闷在家里，经常对着书本或者电视，那么他的知识和认识都会有一定的局限性，长期生活在这种环境中，他的思维能力的发展也会受到一定的限制。而大自然是陶冶孩子心灵的好地方，也总能给孩子带来无限的灵感，哪怕一只螳螂、一个蝉壳、一块形状怪异的石头，都能引发孩子的兴趣。因此，在寒暑假或者节假日期间，我们不妨带着孩子去大自然中走一走，让他尽情地探索大自然的奥秘。

此外，像博物馆、科技馆、艺术馆等地也能拓宽孩子的思维，丰富他的知识，进而引发他进行新的思考。因此，我们也要抽出时间来和孩子一起参观一下这些地方。

雪化了以后就是春天！
——重视开发孩子的想象力

2009年，某教育机构曾对全球21个国家进行过一项调查，结果发现我们中国的孩子计算能力排在第一名，可是想象力却排在倒数第一。这样的调查结果不得不引起我们的重视，到底是什么扼杀了孩子的想象力？

在二年级的语文测试中，老师出了一道题："雪化了是什么？"有一名学生从小就喜欢看童话，他给出了这样的答案："雪化了是春天。"看到这个答案后，老师毫不客气地在卷子上打了一个鲜红的"×"。原因是与标准答案不符，标准答案应该是"雪化了是水"。

看到这一幕，我们不仅要感叹孩子的回答简直太有想象力了，同时我们也不得不惋惜，这么有创意的答案怎么换来了老师的一个"×"呢？难道非要追求所谓的标准答案吗？其实，孩子的想象力有时候就是被我们的"标准答案"给扼杀了。

在一期关于"儿童益智"类的电视节目上，主持人问："气球为什么会飞上天空？""小猫为什么要洗脸？"……有一个孩子回答："气球飞上天空是去找小鸟。""小猫没有抓住老鼠，非常伤心，哭花了脸，所以要洗脸。"本来孩子的答案很有创意，可是主持人却说："回答错误。"接着公布正确答案："因为气球里装的是氢气，氢气比空气的密度小……"

如果单从让孩子学习知识的角度来看，主持人的回答无可非议，但是孩子们的回答充满了幻想和童真，我们忍心打击他的创造性思维吗？那到底是保护孩子的想象力更重要，还是让他学习科学文化知识更重要呢？有没有两全其美的方法，既让孩子学到知识，又能保护好他的想象力，激发他的创造性思维呢？答案当然是肯定的，那么我们应该怎么做呢？

不要轻易否定孩子的答案

对于孩子有创意的想法，我们不可以直接说："错。"因为这样会打击孩子思考问题、回答问题的积极性。相反，我们可以这样说："嗯，想法很有创意，不过再想想，还有没有更好的想法。"以此激励孩子更进一步地思考。当他再一次做出回答的时候，我们可以鼓励他："嗯，已经离标准答案很近了，再好好想一下。"总之，我们一定要以激发孩子积极思考问题为出发点，不要轻易扼杀他的想象力。

同时，在给出标准答案之前，我们也要肯定孩子充满想象力的回答，这样才能既保护他的想象力，又让他掌握一定的知识。

鼓励孩子从多个角度思考问题

在生活中，我们可以有意识地鼓励孩子拓宽思维，让他从多个角度思考问题，不必搞"标准答案"。比如，我们可以和孩子做游戏，用笔画一个圆，问他"这是什么"，其答案有几十种，甚至上百种。我们和孩子可以一人说一个答案，以此发散孩子的思维，培养他的想象力。或者看到某一样陌生的东西，我们可以和孩子一起猜猜这件东西是什么，有哪些用途……

此外，在孩子做数学题的时候，会遇到"一题多解"的情况，我们也要鼓励他尝试通过多种途径解决问题。

不斥责孩子的"胡说八道"

一个女孩和妈妈一起散步，指着路边上被抛弃的长满绿毛的胡萝卜说："妈妈，您看，胡萝卜戴绿帽子了。"听了女儿的话，妈妈大概觉得"戴绿帽子"不是什么好词，赶紧望了望周围的人，然后凶巴巴地对女儿说："什么绿帽子，下次不许这么说了啊！"女儿觉得很诧异，妈妈怎么突然变脸了，但也没有再说什么。

把长了绿毛的胡萝卜比作戴了绿色的帽子，是多么有创意的想法！实际上，在孩子的内心中，并没有好坏之分，他只是把好奇的东西与熟知的事物联系在了一起而已。但是我们却总是带着成人的评价和感情色彩看待孩子的比喻，在无意中就剥夺了他充分表达自己想法的机会。因此，在面对孩子有创意的说法时，我们千万不要斥责或者嘲笑他，以免搓伤了他想象的翅膀。

妈妈，我发现了一种新的解题方法！

——培养孩子的创新习惯

如今，社会对人才的要求越来越高，它需要具有创新性思维、能够创造性地解决问题的人才，也只有这样的创新型人才才能更好地适应未来社会的发展。因此，我们应该努力培养孩子勇于创新、热爱创造的精神，使他养成创新的习惯。

有一个上六年级的男孩，经常观察别人修自行车，看着看着就看出了"问题"。他发现修自行车需要很多工具，一会儿换扳手，一会儿又换改锥，这样换来换去很浪费时间。有时，找不到某一样工具时，还要花费很多时间去找。

于是，这个男孩萌生了一个想法：为什么不把工具整合到一起呢？最后，在老师和同学的帮助下，一把多功能修理自行车专用扳手就成功问世了。

从这个男孩身上，我们不难发现，孩子的创新想法大多来源于生活。然而并不是每个孩子都具有这样的思维习惯，有一些孩子思维不够敏捷，思考问题有局限性，喜欢钻牛角尖，而这种思维方式就不利于创新习惯的培养。那么，是什么限制住了孩子思维的发展呢？

有一些父母总是把孩子的一切事情都安排得非常妥当，从来不用孩子自己去考虑，这种做法就很容易扼杀孩子的思考能力。美国物理学家爱因斯坦说过："学会独立思考和独立判断比获得知识更重要，不下决心培养思考习惯的人，便失去了生活的最大乐趣。"的确，如果凡事都被别人安排好了，或者总是墨守成规，按照固定的思路思考问题，相信学习的乐趣会少很多。

因此，不管是从激发孩子学习兴趣的角度出发，还是为了培养他良好的学习习惯，我们都要鼓励他独立思考，尽量给他创造一个思考的空间。

允许孩子"恣意妄为"

在孩子的小脑袋瓜里，没有既定的规则，他的想法天马行空，有很多创造的空间。比如，用气球盛水；用小筛子盛水；把小船模型按进水里，或者拿着它用力拍打水面；把手伸进水龙头，让水花四处喷射……这时，我们不必急着制止他的行为，而是要多给他一些自由，只要保证他的安全就可以了。

不要急着给孩子太多的指导

孩子的思想因为没有固定的规则，所以他会想方设法玩出各种花样。而当他出现明显的错误的时候，我们可能会马上纠正他。比如，他在纸上画一个绿色的太阳、黄色的天空。我们会马上告诉他，太阳应该是红色的，天空是蓝色的，更有甚者会呵斥他一顿："太阳怎么能是绿色的？天空怎么会是黄色的？乱画！"

类似于这样的指导和苛责就很容易把他限定在一个固定的思维模式之中，使他形成思维定式，而懒于思考其他方案了。正确的做法应该是不要急着否定他，而应该多给他一些鼓励："绿色的太阳和黄色的天空搭配在一起很好看"，以此鼓励他有创意的做法。

呵护孩子所有的思维火花

课堂上，老师问："一个放满冰块的杯子，外壁会不断出现水珠，为什么？"有的同学回答："因为冰块融化溢出来了。"有的同学回答："空气中的水蒸气遇到冰冷的杯子凝结。"还有一个学生这样回答："因为装满了冰块，杯子在'冒冷汗'。"

听到这些回答，我们可能会嘲笑最后一种说法，甚至直接否定他。其实，孩子的创造性思维就是在这样一个个思维火花中激发出来的。所以，要想培养孩子的创造性精神，我们就要呵护好他所有有创意的想法。

鼓励孩子一题多解

面对一个难题，我们正常的思维是使用一种解题方法。但有时，一个问题不止有一种解决方法，这时我们就要鼓励孩子从不同的角度解决问题，让他做到一题多解，以此发散孩子的思维。同时，我们也要注意启发孩子改变一下思考问题的习惯模式，不让他受思维定式的影响。

蓝蓝的天上没有星星！

——培养孩子敢于质疑的良好习惯

古人云："学贵有疑。"的确，多疑好问是孩子获取知识的前提，孩子没有疑问也就谈不上进步，更不容易增长知识。仔细观察世界上大多数科学家和发明家，在他们身上，我们都会发现一种质疑精神。因为只有勇于质疑才能发现问题，找出毛病，并有新的发现。因此，我们要有意识地鼓励孩子多思多问，培养他敢于质疑的好习惯。

小达放学回家后，兴奋地说："爸爸，我今天在课堂上给老师挑出了一处错误。"爸爸听后，吓了一跳，赶紧问他是怎么回事。

原来在历史课上，老师在讲解鸦片战争的时候把时间说错了。于是，小达大胆举手，当场质疑老师。然后，老师虚心接受了小达的建议，迅速改了过来。

听了整个事情的经过后，爸爸有些担心，担心儿子当着这么多学生的面挑老师的错，会令老师很尴尬。最后，他告诉儿子，下次不要在公开场合指出老师的错误了。

很多父母都存在和小达爸爸一样的想法，认为孩子当场质疑老师，会令老师很难堪。实际上，我们的这种想法是多虑了。很多老师觉得孩子的这种质疑很正常，而且现在书本上也经常会出现错误，所以适度的质疑是应该的。而且在质疑之下，孩子才能更快、更系统地获取知识。因此，当孩子主动向我们提出质疑的时候，我们要不失时机地鼓励他，保护他敢于质疑的精神。那么，具体来讲，我们怎样做才能让质疑成为孩子的一种习惯呢？

不让孩子轻易听信别人的说法

俗话说："学起于思，思源于疑。"没有疑问就没有探索，我们要告诉孩子，对于任何事情都要敢于质疑，不能轻易就听信了别人的说法。

一个女孩听说这样一个理论：如果把一条金鱼放在一个装满水的鱼缸里，然后把溢出来的水接到另一个缸子里，这溢出来的水和金鱼的体积应该是恰好相等的。女孩听说后不相信，便去问爸爸。而爸爸没有做出任何回答，只是笑了笑，说："你试一试就知道了。"最后，女孩果然亲自动手实验了一番，最后发现这个理论是正确的。

其实，不管孩子的质疑正确与否，我们都要鼓励他。同时，为了解决孩子心中的疑惑，我们要鼓励他亲自动手实验一番，这样才能加深他对某个知识点的印象，从而提高他解决疑惑的能力。

鼓励孩子对书本进行质疑

我们要让孩子知道，科学理论是相对的，它具有先进性，也有自己的局限性。书本上的知识也不一定全是正确的，可能会出现错别字，或者出现某一个公式写错了的情况。特别是课外书，和教材相比，出现错误的概率要更高。因此，我们要告诉孩子，当对书本知识存有疑问时，要勇敢地向老师或者父母提出来。

不让孩子盲目服从于权威

要想培养孩子敢于质疑的能力，我们就要帮他克服老师至上、父母至上、书本至上、经验至上的陈旧理念，改变他被动的学习方式。我们要让孩子知道，权威不一定是真理，因为无论是专家、学者，还是老师，他们都只是在某一个领域有独到的见解，也是普通人，其思维也有一定的局限性，也有犯错的可能。所以，当对他们的观点或者说法存在疑问时，一定要勇于提问，这样才能解答自己心中的疑惑。

质疑要注意方式和场合

鼓励孩子勇于质疑、大胆提问并不是让他胡乱猜疑别人，也不是不分场合、不讲究方式地直接否定别人的观点，而是在尊重他人的基础上，委婉地指正他人的错误，或者有理有据地表达自己的观点。比如，当老师在课堂上出现口误或者其他错误的时候，我们要告诉孩子，应该礼貌性地举手，纠正他的错误，如果不确定老师说得对不对，可以等到下课之后再私下向老师请教，向他表明自己的观点。

下一次，我一定比现在更进步！

——培养孩子自我激励的好习惯

在学习和生活过程中，每个孩子都希望得到他人的表扬和鼓励，而且我们越是肯定孩子，他就会表现得越好。可见，我们的鼓励会促使孩子有更好的表现，但是如果孩子从外界得到的鼓励太多了，他就会慢慢养成依赖心理。

上五年级的琳琳平时很喜欢听爸爸妈妈夸奖她，每次得到爸爸妈妈的表扬后，她学习的劲头就非常高。可是如果爸爸妈妈长时间不夸她，她学习的兴趣就会低很多，成绩也会有所下降。所以爸爸妈妈总是有意识地多鼓励她。

除了爸爸妈妈的表扬之外，琳琳还希望得到老师的夸奖。一次老师表扬了琳琳的同桌，没有表扬她，结果她郁闷了好久。了解女儿的心理之后，妈妈主动和老师沟通了一番，说女儿自信心不够，需要多一些鼓励和表扬。老师也很配合，总有意识地多鼓励琳琳。

可是一段时间后，因为一些原因，琳琳的班上换了一位新班主任，这位老师对学生很严格，很少表扬他们。结果琳琳因为长时间得不到老师的表扬，萌生了不想上学的念头。

为此，妈妈反省，都是自己平时太宠女儿了，使她无法摆脱对他人的依赖，又不会自我激励，所以才会出现现在这种情况。

的确，琳琳就是因为不会自我激励，所以总是依赖外界对她的赞扬和鼓励产生学习动力。事实上，我们给孩子再多的鼓励，都必须经过他消化后，才能在他内心深处转化成一股强大的动力。也就是说，事情最终的发展还是由内因——孩子本身的自我激励能力所决定的。

一所学校曾对学生做过一项实验，结果发现不习惯于进行自我激励的孩子，其能力仅能发挥出 20% 左右，而能够进行自我激励的孩子，能力则可发挥出 80% 左右。可见，自我激励可以有效地开发出孩子的潜能，使他发挥出正常水平。

那么，我们怎样才能让孩子学会自我激励呢？

不让孩子随意否定自己

当孩子遇到困难或者自己的短处暴露出来后，就很容易产生悲观的心理，然后盲目地否定自己，认为自己这也不行，那也不行。这时，我们就要帮助孩子调整心态，引导他全面地看待自己，并让他认识到自己的长处。这样他才不会总沉浸于负面评价中，并慢慢激励自己走出消极情绪。

让孩子给自己鼓气加油

当孩子有良好的表现时，我们可以鼓励他自我表扬；当他感到困倦、懈怠的时候，可以让他给自己打气加油。比如，当孩子做了一件错事主动承认错误时，我们可以让他进行自我表扬："我能主动承认错误需要很大的勇气，我做了一件正确的事，一件很了不起的事。"当他学习感到疲倦或者懒惰的时候，我们可以让他对自己说："来吧，××，只剩下语文作业了，打起精神，一会儿就能把它做完。"当孩子做某件事尽了最大的努力，不管结果怎样，我们都应该让他对自己说："××，你已经尽力了，你做了自己该做的，而且做得还不错，下次一定会做得更好。"

教孩子积极的心理暗示

积极的心理暗示可以增强孩子的信心，为他提供充沛的原动力，使他克服学习上的障碍，最终取得一定的成绩。

上六年级的阳阳经常被老师夸奖心态好、不骄不躁，而这都要归功于妈妈教他的自我激励法。从他上三年级开始，每天早上醒来后，妈妈都要求他说三遍："我是最棒的。"这个习惯一直保持到现在。

当阳阳成绩不理想时，他会告诉自己："下一次，我一定会进步的。"遇到挫折时，他会告诉自己："要坚持。"总之，不管遇到什么困难或者挫折，他总能勇敢面对，并且保持一个平和的心态。

从阳阳身上，我们不难发现积极的心理暗示可以使他勇敢地克服困难和挫折。因此我们不妨教孩子积极的心理暗示，比如，"我能行""我可以""我能勇敢地面对一切困难"等诸如此类的暗示。

值得注意的是，积极的心理暗示一定是正面的语言，比如，"我要慢慢放松"，而不是"我不会紧张的"；"我一定会成功的"，而不是"我不可能失败"；"这件事很容易"，而不是"这件事一点也不难"。

第六章

这个真好玩，我喜欢！
——合理恰当地开发孩子的智力

所谓"智力"，是指人认识、理解客观事物，并运用知识、经验等解决问题的能力，包括记忆力、观察力、想象力、思考力、判断力等。开发孩子的智力是每位妈妈的任务，但是一定要注意合理和适度，极度开发和不合理开发都会对孩子造成永久性的伤害。

第六章　这个真好玩，我喜欢！——合理恰当地开发孩子的智力

我爱益智游戏！

——智力的开发是在孩子不知不觉中进行的

苏联教育家克鲁普斯卡娅说："对孩子来说，游戏是学习，游戏是劳动，游戏是重要的教育形式。"高尔基也曾说："游戏是孩子认识世界和改造世界的途径。"每个孩子都喜欢玩游戏，也会把玩游戏的时间视为最快乐的时光，在游戏中，孩子不但得到了满足，智力也会在不知不觉中得到开发。

美国著名儿童教育家斯特娜夫人与女儿经常玩"注意看"的游戏。

斯特娜夫人一手抓住五六根彩色的发带，在女儿面前一晃而过，然后让女儿说出发带的数量。

游戏的一开始，斯特娜夫人速度比较慢，但是女儿并不能准确地说出发带的数量。玩过几次之后，女儿的注意力越来越集中，判断得也越来越准确。

最让女儿感兴趣的不仅仅是猜发带的数量，而是她也可以用同样的方法让母亲来猜，而母亲也不是每次都可以准确地判断出来。母女俩的智力都不知不觉地在游戏中得到了提升。

我们可以学习斯特娜夫人，用游戏的方式来锻炼孩子的注意力。注意力只是孩子智力的一种体现，而孩子的想象力、记忆力、判断力、创造力等都可以通过益智游戏来开发。所以，为了孩子的智力能够得到合理的发展，我们就要成为他最好的玩伴。

借助棋类游戏开发孩子的思维能力

比尔·盖茨的外祖母经常陪他玩下跳棋、打桥牌等游戏。每次玩游戏时，外祖母总是对小比尔说："使劲想！使劲想！"当小比尔下了一步好棋时，外祖母就会拍手叫好。这些游戏不但锻炼了比尔·盖茨的思维能力，而且无形中也培养了他的观察力和注意力。

的确，孩子在玩棋类游戏时，眼睛得仔细看，脑子得不停地转，手还要听脑子的指挥。棋类游戏能锻炼孩子的逻辑思维能力、全方位的观察能力，要是失败了，还能考验参与者的心理承受能力。那么，如果我们有空，就和孩子下盘棋吧！

和孩子玩"情景角色游戏"

六年级的唐昊语言表达能力不是很强，而且特别不喜欢记忆语文科目中的文学常识。为了解决这个问题，妈妈就在周末的晚上，请唐昊当老师，自己当学生，"老师"给"学生"讲解有关文学常识类的题目，还要出考题让妈妈作答。

唐昊一开始觉得挺有意思，真正参与进去之后才发现并不是很容易，但是面对"学生"渴望的眼神，他不得不硬着头皮"教课"。一段时间下来，唐昊的语言组织能力强了很多，也不再讨厌记忆文学常识了。

这种变换角色的游戏可以大大增强孩子的记忆力和表达能力，我们可以选择一些有趣的故事，然后和孩子一起扮演其中的角色。孩子为了能说出台词，必须背会故事中的部分内容，并要流畅地表达出来，在这个过程中，孩子的语言智能就会得到有效的开发。

游戏难度要适中

游戏的难易程度会直接影响孩子参与的积极性。如果游戏过难，孩子会因不能很好地掌握游戏技巧而丧失信心；如果过于简单，他又会因为没有挑战性而失去兴趣。所以，我们最好根据他的年龄、爱好和能力选择适合他的游戏。

另外，在竞技游戏中，不要总是让孩子处于下风。否则，他就会因屡受打击而不愿意继续玩。所以，我们要适当地"降低"自己的智能，当我们和孩子的智能高低相当的时候，他才会通过这种切磋而迅速成长。

用心投入游戏中

一天，小蕊邀请妈妈一起玩橡皮泥。妈妈答应了，但是，妈妈一边玩，一边看电视，还会随着电视节目哈哈大笑。妈妈不专心的样子被小蕊看出来了，小蕊生气地对妈妈说："妈妈，您还是看电视去吧！"

如果我们选择了和孩子一起玩，那就认认真真地投入进去，而不是应付孩子，这样不但不尊重他，他也会从我们身上学习三心二意。另外，在与孩子做游戏的时候，不要总对他的行为指手画脚。他一旦玩得不轻松，游戏就很难起到开发智力的作用。

妈妈，我不想学奥数！

——开发智力，不是一定要上奥数、珠心算

最近几年，奥数和珠心算在中国大地上生根发芽，成了孩子和妈妈们追捧的火热学科。有的妈妈听说珠心算能开发孩子的智力，就让学龄前的孩子开始学习；有的妈妈得知，一些重点初中的入学条件之一是孩子要有好的奥数成绩，于是就义无反顾地把孩子送进奥数班；有的妈妈看着其他孩子都在学，也跟风让自己的孩子成为其中的一员；而有的妈妈则在"门外"观望，考虑到底要不要让孩子学。

那么，到底什么是奥数？珠心算属于哪种算法？学习它们真的能开发孩子的智能吗？它们真的适合每个孩子吗？

和孩子一起了解奥数

"奥数"是奥林匹克数学竞赛的简称，是一项国际性赛事。比赛题目都是由国际数学教育专家命题的，其难度超出了所有国家的义务教育水平，比赛目的是及早发现数学人才，进行培养，使其成为数学领域的专项人才。

"奥数"进入中国，原本是想激发学生学习数学的兴趣，培养创新能力，发现优秀的数学特长生。但是，随着时代的发展，无论孩子是否适合，很多父母都纷纷开始让他们学习奥数。不可否认，有的孩子的确通过奥数的学习扩充了思维，开发了智力。但是，是不是所有孩子都能从奥数中受益呢？

早在2002年北京举行的国际数学家大会上，国内一些著名的数学

家就对低龄化奥林匹克数学热现象提出了批评。王元、杨乐等数学家认为,"奥数"本是一项很好的培养学生学习数学兴趣的课外活动,但有些奥数班只是教给学生技巧性的东西,而这些技巧性的东西有时并不是青少年必须具备的,更不能提高数学能力,有时甚至会使孩子钻牛角尖。而高中阶段年龄稍大的同学,如果对数学有兴趣,进而阅读相关书籍并参加比赛,则是自然正常的。但现在许多地方从小学、初中就开始办班,结果使相当一部分学生感到学习枯燥,甚至对数学失去了兴趣。

也曾有一位数学专家说过:"在同龄儿童中,一般只有5%的智力超常儿童适合学习奥林匹克数学,而能一路过关斩将冲到国际数学奥林匹克顶峰的人更是凤毛麟角。"

由此看来,如果孩子属于5%的智力超常儿童,同时又对奥数感兴趣,并且又有幸遇到一位合格的奥数老师的话,就可以尝试让孩子学习奥数。然而,我们的孩子是不是这样的孩子呢?有没有碰到经验丰富的奥数老师呢?如果答案是否定的,那我们就不要逼孩子学奥数。

慎学珠心算

珠心算是在孩子心里建立起一个算盘,把抽象的计算数字和算盘上的珠子联系起来,在心里用"拨算盘珠子"的方式把答案计算出来。当孩子掌握了一定的计算技巧时,会很快地把多个数字的运算结果准确地说出来。

珠心算的倡导者们认为珠心算是通过培养孩子的心算能力,提高孩子的自制力、注意力、记忆力等智力。而专家则指出,学习珠心算对于锻炼手指和大脑会有一定的效果,而且算得快对孩子自信心的提高有好处。但是,珠心算对孩子智力的开发到底有多大作用,国内研究者正在进行相关研究;珠心算能在多大程度上提高孩子的数学能力,在哪个年龄开始学更合适,也有待研究。

既然如此,面对孩子是否要学习珠心算的问题,我们还是慎重为好。而且,很多事例证明,过早学习珠心算会有碍于孩子在学校的数学学习。因为,学过珠心算的孩子会把珠心算的算法应用到常规的计算中,但是常规算法又和珠心算算法没有任何关系，最后，孩子会被两种算法搞得不知所措，学习兴趣也会大大降低。

所以，让孩子开发智力，不是一定要上奥数和珠心算。上不上，完全看孩子的兴趣。如果孩子对奥数或珠心算特别感兴趣，从学习中能收获喜悦感、满足感和成就感，那就让他去学。如果他本身没有兴趣，或者把奥数、珠心算的学习当成负担的话，就不要强迫孩子去学。因为帮助孩子开发智力，绝非只有学习奥数和珠心算这两种方式。

第六章　这个真好玩，我喜欢！——合理恰当地开发孩子的智力

才艺？我真的需要学吗？

——不要盲目跟风，强迫孩子学习才艺

不知从什么时候起，"才艺"成了时下最流行的学习内容，而各种各样的才艺班也如雨后春笋般兴起。似乎学习才艺就是跟得上时代的表现，而不学则意味着"落伍"。为什么才艺学习如此受追捧？

一位母亲这样说："当代社会的多元化发展趋势更需要复合型的人才，而单一型人才则不被看重。为了能让孩子的智力得到全面发展，成为一个综合素质较高的人，不学一两样才艺是不行的。"原来，"才艺"被妈妈们认为是孩子智力全面发展的保障。

其实不然，如果说"德、智、体、美、劳"能够代表"全面"的话，才艺作为"美育"的一部分，充其量也只是占全面发展的 1/5。所以，孩子即使学了再多的才艺，也不能称得上"全面"。从另一个角度讲，才艺并不是发展孩子智力的唯一途径，体育和劳动也一样能开发孩子的智力。

然而调查发现，中国 83.9% 的父母认为要对孩子进行才艺培养，近 80% 的父母希望让孩子参加不止一项的才艺训练。为什么会这样？其实，大部分家长是盲目跟风。有的妈妈很困惑：人家的孩子都在学才艺，我们家孩子不学，不就不如其他孩子了吗？人家孩子都学好几样才艺，我们只学一样，恐怕不够吧？在这种攀比心理的驱使下，妈妈不得不让孩子跟风学才艺，不管花多少钱，孩子只要学了，妈妈心里就踏实。

但是，孩子学习才艺的理由，应该是"因为别人学，所以我也学"

吗？一定不是啊！孩子学习才艺应该是出于兴趣。所以，如果孩子对学习才艺并不感兴趣，那就不要强迫他。

正确认识才艺

到底什么是才艺？"才"就是才能，"艺"则是技艺，包括琴、棋、书、画、诗赋等。我们希望孩子掌握某项技艺，而孩子掌握之后，有何用处呢？

古代的文人都擅长琴、棋、书、画，他们在高兴、悲哀、惆怅时，会弹奏一曲，以抒发自己的情感；遇到好友来访时，兴致使然，于是对弈一局；出去游山玩水时，看到大自然如此美丽，泼墨于纸，作画一幅……这些才艺完全成了感受生活、抒发情感的途径，他们不会把才艺当成负担，而是在其中享受、感叹和领悟。

因此，学才艺是热爱生活的体现，献才艺是表达情感的过程。所以，才艺学习绝非技能培训，孩子为什么愁眉苦脸地学才艺？因为他没有感受到情操被陶冶了，反倒因为学了才艺，觉得痛苦不堪。

原因出在哪里？老师是一方面，更多是因为我们对待才艺的态度太功利，总想让孩子通过学习才艺获得什么短期利益。如果说一定要获得利益的话，那就是——快乐。如果孩子没有获得快乐，就不要让孩子再痛苦了。

培养有兴趣的孩子

田英人从小爱好广泛，喜欢踢足球、画画、学英语、摄影，尤其喜欢看书和写作。他小学毕业时出版了《灿烂童年》一书，书中收集了他的绘画和摄影作品，一些著名作家都提笔为其寄语。2009年，他还出版了一本描写中学生活的散文随笔集——《中学生奏鸣曲》。

田英人的才艺之路是如何走的呢？田英人小的时候，父母都并没有刻意培养他的兴趣，基本是放任自流。但是，他特别爱看书。而且对他来说，写作不是一件枯燥苦恼的事，而是充满着快乐。关于画画，他没有上过培训班，就是自己总是在白纸上乱涂鸦，父母发现他喜欢，才慢慢地让他接受较正规的训练。而英语方面，田英人没有提前学习，只是跟着小学的课程学习，当他感到学校的知识似乎不能满足需求了，父母才带他上了专为儿童开的英语班。他自己学得很起劲，小学毕业时就能够自如地和老外进行日常交流了。

田英人的父母完全以孩子的兴趣为培养宗旨，才让他走上了成才之路。所以，我们一开始可以让孩子去接触和尝试一些才艺，发现孩子的确很感兴趣时，就可以有针对性地培养他。毕竟，以兴趣为基础的培养才是最有意义的。

多动动手吧！

——孩子的智力会在做家务、动手的过程中得到开发

当一提到孩子的"智力发展"时，我们常常就会想到"大脑发育"。为了让孩子的智力得到良好的发展，我们通常会安排孩子进行有效的脑力劳动。其实，除了脑力劳动之外，动手实践也是开发智力的好途径。

孩子在动手实践的过程中，手与脑必须共同合作才能完成任务。而手的神经与大脑中枢神经直接相连，大脑中支配手部动作的神经细胞有20万个，大脑的发育不仅会影响手的灵活程度，反过来手部的运动会促进大脑各区域的发育，也就是说，孩子的动手能力越强，头脑就越灵活。正如著名教育家苏霍姆林斯基所说："儿童的智力在他的手指尖上。"

一天，李艾回到家问妈妈："妈妈，什么是'轴对称'和'中心对称'？"妈妈一听就知道他今天数学课上的内容没有弄明白。

于是，妈妈拿出了剪刀和一张纸，鼓励李艾按照数学课本中所介绍的知识？剪出轴对称的图形"蝴蝶"，中心对称的图形"四叶风扇"，以及中心对称和轴对称的图形"圆"。

李艾虽然花了不少时间才把三个图形制作出来，但是他在画图、剪裁的过程中，就逐渐明白了"对称"的概念。

对孩子而言，画图和剪纸是最简单的动手实践活动。李艾就是在这最简单的活动中手脑并用，弄明白了数学题。除此之外，做手工和做家务也是孩子力所能及的动手活动。所以，我们要尽量多创造机会，让孩子在动手的同时开发智力。

指导孩子做家务

日本儿童教育学家中岛博士曾在 3 个城市和 12 个乡村中调查过 361 个家庭，结果发现，凡是干家务活的孩子其智力发展水平都比不干家务活的孩子高，独立生活能力也较强。

因此，中岛博士特别主张孩子干家务。他认为：开发智力理应从训练孩子的感觉器官和运动器官入手，而干家务正是一种好的训练。家务活可以使孩子有尽可能多的机会通过视觉、听觉、触觉和味觉接受外界的各种刺激，这些刺激信息传入大脑，便可进一步发展孩子的动作、语言和技能等。

所以，当我们整理房间的时候，不妨请孩子加入；当我们洗碗的时候，不妨邀请他参与；当我们做饭的时候，不妨请他来帮忙……只有孩子真正参与进来，他的智力才能得到有效的提升。

和孩子一起做手工

手工制作是开发孩子智力的好方法，包括捏橡皮泥、折纸玩具、制作风筝、缝制沙包等，这些活动不但能激发孩子的操作兴趣，也能锻炼孩子的观察能力、手脑协调能力、创造力等。

蓉蓉很喜欢玩软陶泥，为此，妈妈帮她搜集了一些制作陶泥玩具的方案。

陶泥的质地比橡皮泥硬，所以每次在捏之前都要先用吹风机把它吹热吹软，然后再用小刀把需要的陶泥切成需要的形状，捏和搓的过程中都要用一定的力气。一开始，蓉蓉并不能独自制作出像样的成品，需要妈妈协助。

在制作的过程中，蓉蓉很专注，也很认真听妈妈的讲解，并逐渐学会了使用刀具。时间一长，蓉蓉的操作越来越娴熟，并能很快做出自己喜欢的陶泥作品，创造力也越来越强。

手工制作本来就是孩子喜欢的项目，我们完全可以根据他的兴趣，和他一起动手实践。当孩子的双手忙起来时，他的眼睛、耳朵、大脑都进入了运作状态，不知不觉中智力就会得到提升。

支持孩子参加社会实践活动

　　孩子在参加社会实践活动时,肯定要面临"与人合作"的问题。也就是说,孩子要从自己动手完成任务转变为与人共同劳动。在这个过程中,孩子不得不学会表达自己的想法,倾听他人的意见,反省自己的过失……这就是在提升孩子的人际智能和自我认识智能,这两项智力的提升会让孩子的智力发展变得更加全面和完善。

第六章 这个真好玩，我喜欢！——合理恰当地开发孩子的智力

一玩就把学习给忘了

——在玩中，孩子照样能学习

爱玩是孩子的天性，也是孩子最基本的休闲活动。我们重视孩子的学习，但是不能剥夺孩子玩的权利，更不需要把孩子的"学习"与"玩"对立起来，因为孩子在玩耍中照样能学习。

周五下午放学早，张楠和几个同学相约玩"打沙包"的游戏。大家正玩得尽兴呢，沙包破了。怎么办？大家你看我，我看你，真想手边有针和线把沙包缝好，可惜谁都没有。

大家正为难呢，张楠摸了摸自己的两条小辫子说："有了！"

说着，张楠从两条辫子上拆下两根皮筋，又迅速用一根皮筋扎住所有的头发，用另一根皮筋扎紧沙包的漏口处。同学们一看，连连赞叹张楠聪明，就这样，张楠和同学们又继续投入了游戏中。

在玩中，孩子的大脑不但没有停滞，反而运转得更快。当他遇到问题时，他会积极思考，想办法解决问题，并学会探索和创新。所以，我们不要把孩子的"玩耍"视为浪费时间，而要引导他学会在玩中学习。

处理好"玩"与"学"之间的关系

我们担心孩子因玩耍而忘记学习课本知识，所以不敢让他尽情玩耍。其实，学习和玩没有本质的冲突，只要孩子能处理好"玩"与"学"之间的关系，就不会耽误学习。

那么，我们就要把道理讲给孩子听，与其对孩子说："学习不好，就别想玩。"不如说："玩的时候要尽情地玩，学的时候，要认真地学，

如果玩的时候想着学，学的时候想着玩，结果不但学不好，也玩不好。"

这样，孩子就知道我们不是不让他玩，而是怕他学不好又玩不好。如此一来，他觉得我们是体谅他的，理解他的，就冲着这份理解，他学习的时候也会认真许多。

把玩的主动性还给孩子

我们大可不必担心孩子在玩中一无所获，教育家苏霍姆林斯基曾做过这样的描述："一个孩子为了浇花，开始提了一小桶水，接着他又提第二桶、第三桶、第四桶，结果，累得满头大汗……一个大约5岁的孩子栽了一棵玫瑰树，开出了一朵很美丽的花，他不仅十分惊讶地观看着自己用劳动创造出来的成果，而且反观自身：'难道这是我自己做成的吗？'"

玩耍如果能让孩子精神愉悦，那么他也一定会有所收获和成长。虽然他无法把他在玩耍中学到的内容表述出来，更不可能总结他成长了多少，但是他一定在其中进行了观察、思考、记忆和实践，这就是他学习的过程。所以，我们不要把孩子的"学习"局限在书本上，因为，他很可能通过玩耍学到了更多。

来，妈妈就看你的了！

——在生活中，多给孩子表现的机会

每个孩子都有无穷的智力潜能，而这个智力潜能能否被挖掘出来，就要看我们能否给孩子提供发挥的平台了。他只有站在这个平台上，才能表现自己，并通过表现认识自己、发现自己，挖掘更深的潜能。

六年级的小皓一直喜欢看《国家地理》杂志，对旅游很感兴趣。一次暑假前，全家人聚在一起讨论旅游路线，爸爸说："我们先到黄山，然后再到千岛湖……"

妈妈说："我觉得应该先到千岛湖，然后再坐车到黄山。"

小皓说："我知道千岛湖，有本旅游杂志介绍过，那附近好像就是新安江，能不能顺江而下到黄山啊？"

小皓的问题，妈妈和爸爸也回答不了，妈妈干脆说："你这个建议很好，能不能实施我也不知道，这样吧，你来确定一下你的方案，如果能实施，就听你的安排。"

小皓一听高兴极了，于是就开始翻看地图，并在网上查信息。不一会儿，小皓说："妈妈，可以这样走，我们在千岛湖坐船，坐到深渡镇，再坐车到汤口，就是黄山脚下了。"

妈妈听完，一脸诧异，说："你还真有本事啊！好吧，那你来安排具体行程，看看一天几班船，几趟车，预计一下到达时间，几点爬山，什么时候返回，包括住酒店……"

小皓说："妈妈，这些我会吗？"

"试试看啊！"妈妈鼓励道。

如果妈妈没有让小皓确定方案，小皓就没有机会整合平时搜集的旅游信息，更没有机会动手查询具体路线。小皓在妈妈面前表现了一下，没想到迎来了更大的挑战，这下，为了完成任务，他可有的忙了。在这个过程中，他的智力潜能就会被不知不觉地挖掘出来。

所以，我们在生活中要多给孩子表现的机会，让他通过表现，提升做事能力，拓展思维方式。

放开一只手

一天中午，上三年级的贝贝回家告诉妈妈，她想参加学校组织的课外兴趣班。于是，妈妈就让她自己去了解有关课程、学时和学费的问题。

晚上回来，贝贝把自己询问的结果清清楚楚地告诉了妈妈，并表示自己想学儿童画。妈妈答应着，从钱包里拿出500元交给贝贝，说："钱你自己保管好，明天交给老师，老师会给你一张收据，你把收据拿回来就行。"

第二天，贝贝顺利地完成了任务，妈妈鼓励她说："嗯，表现不错！看来以后妈妈要交给你更多的任务了！"

贝贝在完成这项任务的时候，学会了咨询问题，并把对方反馈过来的答案有条有理地整合在自己的头脑中，清楚地叙述给妈妈，之后又谨慎地保管钱财，并拿回了收据。在这个过程中，贝贝的表达能力、思维能力、记忆能力、管理钱财的能力都得到了锻炼。如果妈妈不放开手让孩子去做，孩子的各方面智力潜能怎么能得到展现呢？

鼓励孩子学以致用

五年级的辛桐英语一直学得不错。一次，妈妈带他参加朋友聚会，辛桐很想和那些外籍叔叔阿姨打招呼、聊聊天，可就是不敢。妈妈看出了他的心思，就主动介绍外籍朋友给他，当他第一次把在书本中学到的英文句子用在生活中时，感觉很不一样。

妈妈的外籍朋友看到这个小家伙会说英文都非常喜欢他。整个聚会下来，辛桐不但交到了新朋友，英文口语能力也得到了提升，更重要的是他的自信心也增强了。

　　鼓励孩子把书本知识应用于实践，是开发孩子智力的好方法。在实践的过程中，那些抽象的课本知识被孩子应用得生动而灵活，孩子的理解能力、应用能力、创新能力都会在这个过程中发挥出来。所以，我们要给他提供更多的表现机会，鼓励他学以致用，进而使他的智力潜能得到开发。

第七章

妈妈，我要看书！
——轻轻松松让孩子爱上阅读

莎士比亚说过："书籍是全世界的营养品。"很多成功的人都酷爱读书，从书中摄取了丰富的精神营养。不得不承认，阅读在他们成功的道路上起到了重要的作用。对孩子来说，如果他能自幼与书为伴，养成良好的阅读习惯，对他一生的发展都会产生很大的影响。

第七章　妈妈，我要看书！——轻轻松松让孩子爱上阅读

为什么要读那么多课外书？

——告诉孩子读书的目的与目标

在一些孩子的思想观念里，读书是给爸爸妈妈读的，和自己没关系。甚至有些孩子认为，读书没有用。导致孩子产生这种思想观念的真正原因是，他们不知道读书有什么用，从小没有树立远大的目标。

周恩来是我国老一辈的无产阶级革命家。在他12岁那年，老师在课堂上提问："你们为什么读书？"有的学生说："为明理而读书。"也有学生说："为做官而读书。"还有的学生说："为父母而读书。"……当问到周恩来的时候，他坚定有力地答道："为中华之崛起而读书。"此话一出，在场所有的人都震惊了。此后，为了实现这个目标，周恩来发奋读书，最后为国家奉献了自己毕生的精力。

在古人的思想观念里，第一等人读书志在圣贤，次一等人读书志在功名，最劣等人读书志在富贵，这是古人读书的志向。从周恩来的一生中，我们不难发现他绝对是第一等人，他从小以兴邦建国为读书的目的，并把毕生的精力都奉献给了人民。

可是我们现在的人却把追求财富和出名当成读书的目标，甚至有些孩子根本就不知道读书的目的，他们只知道拿高分、考大学。结果呢？一生平平。实际上，阅读是件快乐的事，只要我们善于引导，书就会成为孩子一辈子的好朋友。但是要想让孩子养成良好的阅读习惯，我们先要帮他明确读书的目的是什么？为什么要读书？

告诉孩子读书是谋生、谋天下的途径

俗话说："书中自有黄金屋，书中自有颜如玉。"我们要告诉孩子，书中有无穷无尽的智慧，读书的目的从狭义上来讲是谋生，因为读书是现代人谋生的需要；从广义上来讲是谋天下，只有读书明理以后，并具备了丰富的知识和技能，才能更好地服务于社会。因此，为了实现这个目标，一定要好好读书，不仅要学好教材，还要广泛地阅读其他有益的书籍。

让孩子知道读课外书的好处

课外书是教材的补充，它不仅可以丰富孩子的心灵世界，还可以培养孩子的阅读兴趣。可是有些孩子天生不喜欢看课外书，结果因为自己的知识储备比较少，和他人之间找不到共同语言，从而造成了一定的沟通障碍。

11岁的晶晶学习成绩很好，每天放学第一件事就是坐在书桌前写作业，课间也很少出去玩。但凡见过她的人都夸她学习刻苦、认真，连老师也夸她踏实。可是她有一个缺点，就是不太合群，每当同学们坐在一起讨论些什么的时候，她都不怎么参与，总是一个人坐在旁边写作业。

一次，妈妈问她为什么不喜欢和同学们一起玩，她说："我不是不喜欢和他们一起玩，只是他们谈论的话题我都不知道，他们看过很多书，每次提到书中主人公的名字，或者谈论一些科技发明时，我都不知道，结果他们总嘲笑我孤陋寡闻……"

听了女儿的一番话，妈妈这才知道原因。从此，妈妈总是有意识地带晶晶一起去逛书店，让她多看些书，以丰富她的课外知识。一段时间后，晶晶变得健谈了很多，不再像以前那么不合群了。

从晶晶的经历中，我们不难发现，孩子读书少，见识就少，结果和他人就很难找到共同语言。可见，丰富的阅读经验对孩子来说很重要，影响着他的人际关系。此外，阅读课外书还能扩大孩子的视野，增长他的见识，提高他的阅读能力，丰富他的写作素材……这些好处我们都要让孩子知道，从而加强他阅读课外书的目的性。

什么时候教孩子阅读呢？

——抓住培养孩子阅读习惯的黄金期

阅读对孩子一生的成长起着至关重要的作用。从小就有着丰富阅读经验的孩子，他的词汇量就比较丰富，所以无论听课还是自主阅读，他都能很快速地提取并理解所听到的或者看到的信息。而阅读贫乏的孩子，头脑中存储的经验和知识相对贫乏，所以他看书或者听课的时候，理解能力就相对较差。

当然，阅读不只是孩子增长知识的手段，更重要的是能丰富他的心灵，让他尽早地感受到思考的乐趣。因此，我们一定要把握孩子阅读的最佳年龄，帮助他养成阅读的习惯，从而让他的思想和身体一起健康成长。

那么，到底什么年龄才是孩子最佳的阅读年龄呢？针对孩子的成长规律，我们可以把孩子的阅读按照年龄分为以下几个阶段。

0~6岁，以培养孩子的阅读兴趣为主。听到这个说法，有些父母可能会皱眉头，0~6岁的孩子年龄太小了，不可能会读书。实际上，0~6岁是孩子大脑发育的黄金时期，尤其在3~6岁这段时期，如果我们找到了合适的教育方法，培养孩子的阅读兴趣，他不仅能在很短的时间内学会很多字，还能渐渐掌握阅读的方法。

6~10岁，以让孩子识字为目的。研究表明，孩子只要掌握了1 500个左右的汉字，孩子就能独立阅读自己喜欢的图书了。因此，这个阶段，我们应该以教孩子认字为主要目的，并试着让他自主阅读。

10~14岁，孩子阅读的黄金期。我们应该鼓励他多读些好书，从而帮他树立正确的人生观、价值观，并打牢他的基础知识。

当我们的思想有了这样一个基本的框架，了解不同年龄段孩子应该掌握的阅读技能后，就能激发孩子的阅读兴趣，培养他的阅读习惯了。那么，在具体培养过程中，我们应该采用什么样的方法呢？

0~6岁，坚持每天为孩子朗读20分钟

0~6岁是激发孩子阅读兴趣、培养他阅读习惯的关键时期。这期间，虽然孩子并不具备阅读能力，但是如果我们能坚持每天为他朗读20分钟，在听的过程中，他会慢慢集中注意力，并扩大词汇量。时间久了，他对阅读的兴趣也就在我们抑扬顿挫的语调中产生了，他也就渐渐产生读书的愿望了。

在为孩子逐字朗读的时候，我们可以一边用手指着字，一边读，引导他注意每一个字的字形，这样就能帮他把听到的字音和看到的字形一一对应起来了。当然，对于这个阶段的孩子来说，我们主要是培养他的阅读兴趣和阅读习惯，并不是以让他识字或者掌握知识为目的。

6~10岁，鼓励孩子自主阅读

6~10岁这个阶段，我们应该以让孩子识字为主要目的，并鼓励他自主阅读。我们可以为孩子选择图文并茂的书籍，这样他就能边看图画边读书了。此外，我们为他选购的书籍应该带有拼音，这样更便于他认字。

抓住孩子10~14岁的黄金阅读期

根据孩子的成长规律和我国的升学考试制度，为孩子奠定人生观、价值观、基础知识的黄金阅读期应该在10~14岁，也就是小学四年级和初中二年级之间。因为10岁以前，主要以培养孩子的阅读兴趣为主，而且这个阶段，孩子基本处于认字阶段，还没有能力进行大量的阅读。而14岁以后，孩子又要面对中考、高考等压力，繁重的课业导致他很少有时间阅读其他书籍。

因此，10~14岁这4年是孩子的黄金阅读期，如果在这段时间内，

他掌握高效的阅读方法，阅读大量的文学名著、名人传记、科普读物，将对他的学习和一生都有很大的帮助。

为不同年龄的孩子选择不同题材的图书

从孩子的心理特点来说，处在不同年龄段的他们喜欢不同题材的图书。一般来说，3岁以前的孩子大多爱看色彩艳丽、形象逼真、带有动物或者特殊图案的图画书；3~6岁的孩子比较爱看情节简单的童话类故事，以及有关动物或者日常生活行为的图画书；7~10岁的孩子一般爱看情节稍微复杂一些的神话或者童话，以及令人惊奇或者富有冒险情节的故事；10~13岁的孩子的想象力比较丰富，他们更爱看探险类或者具有神秘色彩的图书；14~16岁的孩子爱看推理以及人物传记类图书。

因此，我们必须从孩子的认知特点出发，为他选择适合他阅读的书籍，才能真正激发出他的阅读兴趣。

走，妈妈带你去书店逛逛！

——带孩子逛书店，感受书的魅力

常言道："常在河边走，哪有不湿鞋？"同样，也有"常在书店逛，哪有不沾香"的道理。书店总是洋溢着浓浓的读书氛围。在这里，不论老年人、成年人还是孩子，或趴或坐，都纷纷沉浸在自己喜欢的书籍中。到了这儿，即使是再不爱读书的孩子也会在这种氛围的熏陶下，渐渐地爱上看书。

以前的路名非常不喜欢看书，尽管家里的书架上摆满了各种各样的图画书、故事书，他一点翻看的兴趣都没有。因此，为了培养他看书的兴趣，妈妈总是有意识地带他去逛书店。

最初到了书店，路名本来没有看书的意思，但是看到其他人都在认真地看书，他也不好意思站着不动，便随手拿起书架的书翻看两下，结果看着看着，他就被书中的情节深深地吸引住了。

儿子选择书籍的时候，妈妈会给他充分的自由。因为她知道，在儿子还没有真正喜欢上读书的时候，首要任务是想办法激发并保护好他的阅读兴趣，而不是在背后要求他应该看什么，不应该看什么，什么书要没收，这样的"禁令"只会扼杀他的读书兴趣。

一段时间后，路名喜欢上了看书，也喜欢上了逛书店。每天晚饭后，他都要求妈妈带着他去楼下的小书店逛一逛。每天放学后，他也会要求妈妈陪他逛逛学校对面的书店，逛完之后再回家。

从路名的经历中，我们不难发现，他已经感受到了逛书店带来的乐趣，并深深地爱上了读书。可见，逛书店是培养孩子读书兴趣的好方法。因此，为了培养孩子看书的习惯，我们不妨多带他逛一逛书店。

带着孩子一起逛书店

一位妈妈和儿子有一个共同的爱好，就是逛书店。每到周末，他们便去逛书店。结果市区内大大小小的十几家书店都被他们逛遍了。最开始逛书店的时候，妈妈会悄悄地跟在儿子后面，观察他在看哪些书，必要的时候，给予他一些指导。再后来，两个人一进书店就"分道扬镳"，各看各的书，互不影响了。

妈妈喜欢看书，所以在妈妈的熏陶下，儿子也变得爱看书了。我们不妨也学学这位妈妈，每周末或者每天晚饭后，带着孩子逛一逛书店，让他在书店里尽情地选择自己爱看的书来读。每天接孩子放学的时候，如果学校附近有书店，我们也可以抽出一点时间，陪孩子一起逛一逛。

教孩子在书店看书的方法

书店里的书种类、数量繁多，一时间孩子可能很难找到适合自己看的书。这时，我们就要引导孩子按照书的类别查找自己喜欢看的书，一般来说，先找到儿童文学类书籍，然后根据书名判断书中的大致内容，再打开目录翻看书里的细节。当对书里的内容有一个大致的了解后，再决定自己是否要看这本书。

因为在书店看书的时间很有限，所以孩子没有时间从头到尾逐字逐句地读一本书。因此，当孩子找到自己感兴趣的书时，可以根据目录内容查找自己最感兴趣的内容，然后翻到对应的页码，这样看书的效率会更高。

带孩子逛正规书店

一般正规书店的书的质量和内容都有保障，而非正规书店的书良莠不齐，很可能存在一些内容不健康或者不适宜孩子看的书籍。因此，我们最好带孩子去逛正规书店。到了正规书店，我们要给孩子充分的自由，不要强制他必须看哪一种或者哪一本书，而是只要他愿意看的书，我们就让他尽情地看，不要干涉他。

定期给孩子买书

每隔一段时间，当孩子看完一本书后，我们应该主动带着他去书店逛一逛，鼓励他再挑选几本喜欢的书来看。当然，读书的时候，我们应该要求孩子做到"方读此，勿慕彼。此未终，彼勿起"。也就是说，一本书没有读完，不要想着另外一本，而是要养成完整地读完一本后，再去读另一本的好习惯。

带孩子去图书馆看书

除了书店之外，图书馆内的读书氛围也非常浓厚，而且这里的书可以外借。所以，平时我们可以带孩子去图书馆看书，或者让他在图书馆学习。同时，我们还可以替他办一张图书借阅证，方便他从图书馆借书。

妈妈，我想看《喜羊羊与灰太狼》

——给孩子看他感兴趣的书

要想培养孩子读书的兴趣，我们必须从孩子爱看的书入手，当他从书中感受到乐趣了，自然也就会慢慢地接受其他的书籍了。但是我们父母有时总是过分地干涉孩子看书，强制要求他看哪一类书，或者明令禁止他看哪一类书，结果孩子的阅读兴趣还没有建立起来，就在我们的"强制"之下被打压下去了。

上四年级的欣欣平时最喜欢看儿童文学类和漫画类的书籍。每当看这些书的时候，她都能达到废寝忘食的"境界"。可是，妈妈觉得看这些书没什么用处，不利于女儿增长知识，所以就禁止她看漫画书，还把她的漫画书全都没收了。最后，她专门去书店为女儿选择了一些关于地理、天文等知识的书籍，要求她每天阅读。

看到妈妈为自己选购的书，欣欣一点阅读的兴趣也没有。她苦恼地说："妈妈选的这些书我都不爱看，她越是让我看这些书，我就越反感。"

漫画书是很多孩子的最爱，漫画里夸张的人物表情、鲜明的色彩搭配是吸引孩子的重点。可是很多父母认为，这些书对孩子一点好处也没有，孩子从中也学不到什么知识，所以干脆就禁止他看。其实，这样的做法非常不利于培养孩子的阅读兴趣，相反，有可能导致他仅有的一点兴趣也被扼杀了。

当代著名作家余秋雨说："老师和家长在不知道孩子兴趣的前提下，不要硬性给孩子开出书目，使孩子失去了阅读兴趣。"这句话值得我们父母好好思考一下。实际上，孩子喜欢读什么书，应该根据他的兴趣来，不能强求，只要是健康有益、趣味性强、适合他年龄特点的书，都可以阅读。

那么我们给他选择书籍的时候，如何既从孩子的兴趣角度出发，还能让他从中受益呢？

不要让读书成为孩子的负担

许多父母把读书看成孩子考学、提高成绩的一种手段，结果一味地让孩子看一些作文书或者教材辅导一类的书，可是这些书对他们来说并没有什么兴趣可言，相反是一种负担。

一位妈妈陪着女儿去书店买书，女儿看到书店里有那么多精美的好书，爱不释手，精心挑了几本故事书和童话书。可是没想到妈妈看到后，非常生气，一把夺过女儿手里的书，板着脸说道："就知道看这些书，看这些书你的作文水平能提高吗？你怎么不去买作文书，学学人家怎么写作文的？"听完妈妈的话，女孩的兴致一点也没有了。

读书本来是一件愉快的事情，可是对这个女孩来说，读书已经成为一种负担。可想而知，女孩读书的兴趣很难建立起来。因此，我们一定不要硬性规定孩子看关于学习的书。

不要强制孩子看某一类书籍

有时，孩子的读书兴趣往往与我们的愿望相反。我们希望他看一些科普类的书籍，丰富他的知识，可是他偏偏喜欢看漫画书；希望他看传统经典文学作品，可是他偏偏喜欢看童话书。实际上，不管孩子喜欢看什么书籍，只要内容是积极健康的，我们都应该支持他。

还有一些父母按照网上一些专家专门为中小学生开出的"必看书籍"和"推荐书目"去给孩子买书，这种方法值得借鉴，但并不是要求我们把所有的推荐书目都买回来，我们还是要从孩子的兴趣出发，从中选择一些适合他读的书，这样孩子才能读得进去。

为孩子选购他感兴趣的书籍

某市曾对700多名儿童进行一项调查，调查发现，孩子们喜欢看的书籍依次是：外国经典儿童读物、中国经典儿童读物和科普读物。我们可以参考这个顺序，再结合孩子的兴趣特点，为他选择合适的书籍。此外，为了培养孩子的阅读兴趣，我们还可以从他们最感兴趣的图画书入手，然后再逐渐让他读图文结合的书籍，以此慢慢培养他对文字的兴趣。

对孩子看漫画书宜疏不宜堵

喜欢看漫画书是孩子在某一特定年龄阶段的特点。很多父母认为，看漫画书会影响孩子的学习，而且对他增长知识一点好处都没有，于是禁止孩子看漫画书。实际上，孩子看漫画书也是有好处的，漫画书里幽默搞笑的风格有利于孩子放松情绪，还可以培养他的绘画兴趣。因此，对于孩子爱看漫画书的行为宜疏不宜堵，只要我们引导他看一些内容健康向上的漫画书，并引导他在合理的时间阅读，不沉迷于其中，就不会影响孩子的学习了。

这本书好厚，怎么读？

——教孩子阅读的方法与技巧

阅读是孩子必备的一项重要能力，当孩子掌握了良好的阅读方法和技巧后，他阅读的效率自然会提高。相反，如果孩子不掌握基本的阅读方法，很可能一本书读了一晚上都不能理解其中的意思。

一天，9岁的可可和爸爸一起从书店看书回来。妈妈问："可可，今天去书店看什么书了？"可可说："动物的。""那上面都讲什么了？"妈妈继续追问道。只见可可支支吾吾地说："忘了。""啊？都忘了啊？"妈妈惊奇地看着女儿。这时，爸爸在一旁解释道："没看多长时间。"

接着，妈妈对女儿说："过来，女儿，妈妈教你一种阅读方法，可以使你在短时间内就把握一本书的大概内容。"说着把女儿带到了书房。

走进书房后，妈妈从书柜里拿了一本书，说道："下次去书店看书的时候，一定要先看书的名字，看看它是不是你想看的，比如这本《孩子一定要知道的50座历史文化名城》，先不要急着翻阅，可以先看目录，了解一下大概写了什么。如果时间很充足，你可以从头看，如果时间很短暂，就可以挑你喜欢的章节来看。"说着，她指着某一节说："如果你想了解桂林，就翻到对应的页数。"听到这儿，可可兴奋地跳了起来："那我要是想看天津，翻到天津这儿就可以了吗？"说着，她翻开了"天津"这一页，高兴地说道："妈妈，我懂了。"

一般情况下，我们带孩子去书店看书，总是把"时间太短了"当成孩子看书效率低的借口，其实根本原因还是孩子没有掌握合适的读书方法。也就是说，看书是讲求方法的，有适用于长时间看书的方法，也有适用于短时间看书的方法，关键看孩子是不是掌握了这些方法。案例中妈妈教可可的读书方法就适用于短时间的情况。

可见，好的读书方法既可以帮孩子节省时间，还能加深他对书中内容的理解。那么，什么方法才是适合孩子的呢？

让孩子掌握泛读的方法

泛读是一种快速阅读的方法，它以概括地了解书中的主要观点为目的。一般来说，在刚拿到一本书的时候，我们应该鼓励孩子先泛读，从简介、目录、前言、开头、结尾开始看起，在短时间内对书中的内容有一个全局的把握，然后再让他翻看内容快速浏览。快速浏览时的视觉范围要广，扫视速度要快。一般情况下，平均每秒钟7个字，20分钟可读完8 400个字。当然，不能光图快，还要以理解为基础。在阅读过程中，我们还要教孩子注意各个章节中的标题，这样有助于他快速地抓住全书的筋骨脉络。

教孩子精读的方法

精读就是仔细阅读，这种阅读方法适合读一些经典书籍。因为经典书籍只有经过精心研究，反复咀嚼，才能体会出其中的道理。精读的同时，我们还要鼓励孩子勤于思考，善于发现问题，深入钻研，及时将阅读中的问题和体会记录下来。这样他才不会浅尝辄止、不求甚解。

鼓励孩子做读书笔记

俗话说：好记性不如烂笔头。读书笔记可以帮助孩子快速消化所看的内容。因此，我们应该鼓励孩子读书时手要勤，常做读书笔记。笔记的内容可以是书中的某一句经典名言，也可以是某一个观点，以此加深他对书中内容的理解。

鼓励孩子自主阅读

很多孩子都喜欢听妈妈讲故事，或者和妈妈一起看书，让妈妈念给自己听。其实，这种方法适合于年龄小的孩子，而对于有独立阅读能力的孩子来说，我们应该鼓励他自主阅读。因为我们在讲故事的过程中，很容易加入一些主观因素，而且听故事是孩子被动接受的过程，记忆往往没有那么深刻。孩子只有亲自看到生动的文字、图片，再加上自己的理解后，印象才会更深刻。

鼓励孩子一次只读一本书

常常听到一些父母抱怨："我儿子买书的热情特别高，可是读书的兴趣不足。想起来的时候就打开书柜，翻翻这本，又摸摸那本，就是不能静下来好好看一本书。"的确，这种现象在孩子身上很普遍，因为孩子总是好奇心很强，但是注意力却很容易分散，兴趣不持久。因此，我们在为孩子选购书籍的时候，一次不要买很多本，而应只买一本他最感兴趣的。同时，也不要一下要求孩子看很多本书，而是当他读完一本后，再让他读下一本。

来，妈妈给你讲××读书的故事吧！
——用名人读书的故事激励孩子

我国自古以来就有"匡衡凿壁偷光""范仲淹断齑划粥""苏秦刺股孙敬悬梁"的典故，古人尚且能在艰苦的环境中克制自己，刻苦读书，成就一番事业，如今的孩子生逢盛世、条件优越，怎么就不能好好珍惜幸福生活，好好读书呢？平时，我们不妨给孩子讲一讲古人或者名人读书的故事，以此激励他用功读书。

一位妈妈给儿子讲了一个"鲁迅嚼辣椒驱寒"的故事。故事的大致内容是：鲁迅学习成绩优秀，获得了一枚学校颁发的金质奖章。拿到奖章以后，鲁迅立即把它卖掉，并用换来的钱买了几本书和一串辣椒。每当夜晚寒冷、读书困倦的时候，他便摘下一颗辣椒放在嘴里咀嚼，顿时脑门就开始冒汗。他就是一直用这种方法驱寒苦读，最后才成为一名著名的文学家的。

听完鲁迅的故事，儿子非常感动，从此更加用功读书了。

孩子的可塑性是非常强的，如果我们给他讲一些名人苦读的小故事，他就会被他们的行为感动，从而激励自己也向他们学习。当然，给孩子讲故事的目的并不是让他机械地模仿名人的做法，而是体会名人读书时的精神。

可见，名人读书的故事对孩子的影响是潜移默化的，这要比我们给孩子讲上千遍"好好读书"管用得多。因此，我们不妨多给孩子讲一些名人故事，让他领会名人读书的精神，借鉴他们的读书方法和经验，从而养成良好的读书习惯。

给孩子讲名人读书的故事

如今很多孩子读书都存在一些问题，比如贪快，结果看完之后什么也没记住，很显然，这样的看书方法没有什么效果。尤其是一些经典书籍，不看几遍，是很难深入理解其中的意思的。

我国一代伟人毛泽东一向反对那种只图快、不讲求读书效果的读书方法。他在看《韩昌黎诗文全集》的时候，除了少数几篇以外，其余的每一篇都仔细琢磨，认真钻研，从词汇、句读、章节，再到全文大意，他都不放过。像《西游记》《红楼梦》《水浒传》《三国演义》等经典文学，他小时候就看过，到了晚年又重新看了一遍。一部《昭明文选》，他也读了很多次，至今这本书他批注的版本就存有3种。

当孩子在读一些古典书籍的时候，我们就可以提前给他讲一讲伟人毛泽东学习经典的经验，鼓励他反复阅读。尤其是像《论语》《弟子规》《三字经》这样的经典，我们不仅要让孩子多读，还要让他会背诵。

睡前给孩子讲一个故事

对于孩子日常存在的学习问题，如果我们一味地说教，甚至是批评或指责是行不通的，这样只会引起他的反感。因此，为了纠正孩子身上的问题，我们不妨通过讲故事的方法，把名人学习的精神和方法融入故事中，然后引导孩子反省，让他学习他们的学习经验和读书方法。每天睡前是给孩子讲故事的最合适的时间，我们要抓住这段时间，用平和的语气把故事和道理讲给孩子听。故事讲完后，我们还可以和孩子进行讨论，引导他发表自己的观点。

现在是朗读时间！

——培养孩子每天朗读 15 分钟的好习惯

朗读是一种出声的阅读方式，它是孩子阅读的起点，也是他理解课文的重要手段。专家指出，朗读有助于开发孩子的智力。因为朗读的时候，孩子 70% 的神经细胞都参与到了大脑活动当中，就好比是大脑的"热身操"，这远远超过默读和识字的效果。

朗读是孩子欣赏自己的声音，表达自我情感的过程，长期坚持，将有利于培养孩子的形象思维能力，增强他的想象力。不仅如此，长期朗读还能增加孩子的词汇量，提高他的语言表达能力。

而且，孩子在朗读过程中，会反复琢磨文字的表达效果和意境，这也能增强他对文字的理解，当他对文字的理解能力提高以后，他的思辨能力自然也会得到相应的提高。尤其是一些内向的孩子，朗读能使他在不知不觉中变得自信起来，从而变得爱和他人交流。

儒家经典《弟子规》也提到："读书法，有三到。心眼口，信皆要。"可见，读书的方法不仅要用眼睛看，还要动口，用心记忆。如果孩子能养成朗读的习惯，这远远要比他只用眼睛看印象要深刻得多。

那么我们如何才能使孩子爱上朗读呢？

让孩子坚持每天朗读 15 分钟

一位妈妈要求女儿每天朗诵两遍《弟子规》，早起一遍，晚上睡觉前一遍。而且妈妈要求她朗读的时候不能贪快，而是要放慢速度，做到"心眼口，信皆要"。早上读一遍的目的是让她提醒自己一天要按《弟子规》中所讲的去做,晚上读一遍的目的是让她按照《弟子规》反省自己一天的所作所为。结果一段时间下来,女儿的变化很大,不仅行为举止更规范了,也变得更有自信了。

的确,朗读可以增强孩子的自信心,尤其是朗读经典,不仅能增强孩子的自信心,还能增加他的智慧,规范他的行为。因此,我们应该慢慢让孩子养成朗读的习惯,每天朗读的时间不必很长,只需要15分钟就可以了。

此外,我们也可以参与到孩子的朗读过程中,和他一起大声朗读。对于不同的朗读内容,我们可以和孩子分角色朗读,这样能培养他的阅读兴趣,增进我们与孩子之间的感情。

对孩子提出朗读的标准

要想培养孩子的朗读能力,我们就要帮他打牢基本功,让他做到"六不",即,不错字、不添字、不丢字、不重复、不颠倒字词、不唱读;在读的过程中,他还要注意词、句、段、篇及标点符号的连接。

同时,对于一些方言发音和标准发音有出入的字词,我们要引导孩子反复地读,以纠正他错误的读音。此外,对于长句、难句,我们要注意引导孩子如何断句、如何连接。当孩子做到发音正确后,我们再引导他有感情地朗读,这样他朗读的能力就慢慢培养起来了。

为孩子选购适合朗读的书籍

有一些书适合孩子大声朗读,但有一些书更适合默读。因此,为了激发孩子的朗读兴趣,我们一定要为他选购适合朗读的书籍,像一些散文和传统文化经典书籍就很适合大声朗读。传统文化经典包括《三字经》《弟子规》《孝经》《论语》《孟子》《礼记》等,孩子不仅要大声朗读这些书籍,还要多读几遍,才能领会其中的意思。外国经典像《远方的小星星》,诗歌《蒲公英轻轻飞》《你会找到聪明泉》《一棵长满眼睛的树》,也很适合孩子有感情地朗读。

在这些书中,我们只要任意选择一两本让孩子坚持朗读,就能慢慢培养出他的美好情感,使他渐渐爱上朗读。

看书？还是看电视吧！

——引导孩子多看好书，少看电视

对孩子来说，看书和看电视比起来，绝大多数情况下看电视的吸引力要更大一些。实际上，看电视对孩子来说是被动接受信息的一个过程，并没有主动消化吸收的环节。而阅读不一样，阅读由孩子自己掌握，是主动获取信息的一个过程。但是电视生动丰富的画面往往更能抓住孩子的眼球，使他沉浸其中，不能自拔。

11岁的琪琪放学回家后，先把作业写完了。做完作业之后，她犹豫了起来，不知该看电视还是看书。妈妈曾经嘱咐过她，不能长时间看电视，要多看书，可是她总是禁不住电视的诱惑。最后，她想到了一个"两全其美"的方法——边看电视边看书。于是，琪琪怀里抱着书，看起了电视，最后不仅电视没看好，书也一眼没看成。

琪琪这样的经历可能在很多孩子身上都发生过，他们自作聪明，以为边看电视边看书能两不耽误，可他们没有想到的是电视的诱惑往往会超出他们的想象，而且一心两用的结果往往是电视和书都看不好。

曾有专家提议，在孩子接触阅读之前，不要让他看电视。当然，这一点有些不太现实，因为我们很多父母都做不到。因此，就需要我们帮孩子在看电视和看书之间找到一个平衡点，使他既不迷恋于电视，又能养成良好的看书习惯。那么我们应该如何指导孩子在二者之间找到这个平衡点呢？

不要让电视成为孩子的"保姆"

有些父母很忙,为了忙自己的事情,就把孩子推给电视来"照顾"。实际上,这种做法非常不好。因为电视里不仅有很多孩子不适宜看的内容,而且看电视时间长了也不利于孩子的视力发育。因此,我们一定不要让电视成为孩子的"保姆",而是要尽量多抽出时间来陪他。

为孩子创造一个良好的读书环境

某学校曾对父母和孩子做过一项调查,结果表明:7.4%的父母平时没有读书看报的习惯;59.3%的父母没有时间参加业余进修或者自学;9.1%的家庭没有一本藏书;9.7%的家庭藏书在10本以下。

看到这些数据,我们不禁感叹,生活在这样的家庭氛围之中,孩子的阅读习惯怎么培养得起来呢?

奥地利哲学家波普尔从小就生活在书的海洋里。在他的家里,除了餐厅外,其他地方几乎全都是书。一间特大的藏书室里放满了弗洛伊德、柏拉图、培根、斯宾诺莎、康德和叔本华等著名作家的上万册书籍。

看到波普尔的家庭,我们就很容易得出结论,明白了为什么他能成为一个著名的哲学家,这都是受家庭环境的影响。因此,要想把孩子的注意力从电视转移到书本上来,家庭中一定要有丰富的藏书,要有适合孩子看的书,而且最好有孩子喜闻乐见、图文并茂的好书。同时,家里的藏书还要不断更新,以适应孩子成长的需要。此外,我们也要养成爱读书的习惯,在我们的熏陶下,孩子潜移默化中就会养成爱看书的习惯了。

让孩子协调好看书和看电视的时间

一位妈妈规定儿子每天只能看30分钟的电视,大概看完两集动画片后就必须关上电视。在周末,他每天看电视的时间也不能超过2个小时,而且每看30分钟,就要把电视关上。看完电视之后,妈妈会陪着儿子一起读半个小时的书,然后再让他自己看1个小时。如今儿子的习惯已经养成,有时不用妈妈陪伴和督促,看完电视他就自觉地看书去了。

这位妈妈限制儿子每天看电视的时间，陪着儿子一起读书的方法，不仅有效地防止了孩子痴迷于电视的情况发生，还使他养成了阅读的习惯，这种方法值得借鉴。需要注意的是，孩子看电视或者读书一段时间后，一定要注意休息，以远眺或者做眼保健操的方式缓解眼疲劳。

哦,原来是这样啊!

——就书中的某些问题,与孩子一起探讨

一般我们在和孩子一起看完一本书或者给他讲完一个故事后,常常有考考孩子的愿望,想检验一下他是否学到了知识。这不失为一种加深孩子对书中内容理解的好方法,但是"考试"也要讲究方式,如果方式不适宜很可能会降低孩子的阅读兴趣。

7岁的成成最初很喜欢看书,每天晚上,他都要求妈妈陪他一起读书。可是每次看完书之后,妈妈都有意识地问:"你从中学到了什么道理?"最初成成还会认真地对待妈妈的提问,说一说自己的想法。可是后来他就厌烦了,因为并不是每看完一个故事他都能总结出一个道理来。最后,在妈妈的提问之下,他看书的兴趣越来越低,也不再要求妈妈陪他一起看书了。

妈妈的提问方式造成了成成的厌烦情绪,结果使他不爱看书了。为什么会这样呢?原因有两个:其一,"你从中学到了什么道理"这种提问方式在无形中抬高了我们的身份,孩子扮演一个被提问的角色,时间久了自然会引起他的反感情绪;其二,对于一些优秀作品,我们可以主动和孩子讨论,但并不是每一本书都有讨论的价值。

可见,我们一定要注意与孩子讨论的方式和内容,只有重视这两点,我们才能引导孩子表达自己的观点,同时我们也才能把自己的观点传达给他。

提问要注意方式，不能心急

像"你看懂了吗？""你从中学到了什么？""这本书给我们讲了什么道理？"等类问题，我们偶尔问一次可以，但是问多了会令孩子厌烦。而且如果我们总是这样问他，会造成他的心理负担，导致他在看书的时候分心，边看边思考自己学到了什么。

有时，书籍带给孩子的启示，孩子并不能及时地吸收、消化并总结出来，而等遇到类似的事情时，某本书带给他的启示会突然映入他的脑海。所以，如果我们急切而直接地这样询问他，可能会让他很心急，最后只会影响他看书的心情和效率，同时他阅读的兴趣也会因此降低。

参与到孩子的讨论之中

对于孩子正在看或者已经看过的书，我们即使不能完全把握其中的内容，但至少要做到心中有数，可以粗略地看一下大概的情节或者内容，而且要对其有自己的想法和理解。在吃饭或者看电视等空闲的时候，就可以主动和孩子说一说书里的情节，这样我们和孩子之间就很容易找到共同的话题。

避免空洞的大道理

有些父母在和孩子"聊书"的时候，总是喜欢给孩子讲一些大道理。其实，这些大道理孩子未必都听得懂，而且也不容易激发孩子讨论的兴趣。因此，当和孩子聊的时候，我们应该尽量避免空洞的说教，目的要尽量单纯些，从孩子最感兴趣的内容入手是最好的方法。比如，和孩子聊一聊书中他最喜欢的主人公，引导他说出喜欢的原因；或者说一说他印象最深刻的情节，这些都很容易打开孩子的话匣子。对于孩子的错误观念，我们不要急于否定，而是要慢慢把正确的思想传递给他。

正视孩子提出的问题

在和孩子一起看书的时候，孩子可能会提出一些问题或者见解。对于一些常识性的问题，我们应该尽量回答。但是有些问题可能看完书才知道答案，我们就要引导孩子耐心地把书读完，再来思考这个问题。同时，在家里，我们最好准备一些少儿百科全书类的书籍，这样，当孩子提出问题的时候，我们就可以引导他从书中自己寻找答案了。

不把我们的观点强加在孩子身上

有时候，孩子看问题的角度往往和我们成人不一样，所以当我们共同看完一本书时，会对其中某一个人物或者情节产生不同的看法。

一位妈妈和女儿一起讨论一个故事的情节，女儿说她很喜欢里面的蛇精。

妈妈："蛇精，她害人你也喜欢？"

女儿："可她长得很漂亮啊！"

妈妈："是，她长得很漂亮，可她害人啊，而且还骗人，这你也喜欢？"

女儿沉默了，接着拿起被单蒙住了头，说："我不管，她就是很漂亮！"

到这里，妈妈和女儿关于蛇精的对话就结束了。妈妈知道了女儿喜欢蛇精的真正原因，女儿也了解了妈妈所要表达的意思，只是一时不愿意接受，巧妙地回避了而已。

我们和孩子讨论的目的并不是要把自己的想法强加在孩子身上，而是要把正确的观点告诉给他，并给他时间来接受。而且有些问题并没有错与对，只是看问题的角度不同而已，讨论过后，其结论应该是开放性的，我们要允许孩子保留自己的观点。

鼓励孩子把书本知识运用到生活中

当孩子读完一本书之后，我们应该鼓励他把书中所学的内容运用到实际生活中，这样他看书的积极性才会越来越高。比如，孩子在读了地理读物后，旅游时，我们就可以让他设计旅游路线；看到读物上一幅简单的图画后，我们可以让他和生活中的真实事物进行比较……必要时，我们还可以和他一起讨论，给他一些合理的意见，当孩子学以致用后，也就懂得读书的重要性了。

我得写点什么！

——鼓励孩子写读后感

现在的孩子接触新知识的能力很快，却了解得不够透彻，比如，看一本书，看的时候心潮澎湃，受益很大，但过一段时间，就会把书中的内容忘得一干二净。因此，我们不妨鼓励孩子在看完一本书后，把自己的心得体会及时记录下来，这样他的记忆才会更深刻。

平平从小喜欢读书，像科普类的读物、幻想类的故事书他都喜欢看。可是，每当妈妈问他学到了什么的时候，他都吞吞吐吐，说不出来。

于是，妈妈便鼓励他每看完一本书，就写一篇读后感。最初的时候，平平不知道读后感该写些什么。妈妈就告诉他，看完书后有什么感想、有什么收获都可以写，如果实在没有感想，可以把书中自己最喜欢的一句话或者一段文字记录下来，作为读后感。

就这样，平平从摘录书中的一句话开始写起，渐渐地增加到几句话。如今，他已经能完整地写下一篇读后感了，而且有自己独到的见解。

有些书可能孩子看过后就忘记了，也没有思考过其中深层次的含义。就像平平一样，当妈妈问他学到了什么的时候，他没有自己的想法，而读后感恰恰可以引发孩子深层次的思考。当然，孩子并不是一开始就能写得很深刻，他可能会不知道如何落笔，从哪写起，这就需要我们给予他必要的指导。

赏识孩子的读后感

当孩子刚开始写读后感的时候，我们一定要给予他适当的鼓励，这样他才有信心把读后感写好，写读后感的兴趣也才会越来越高。因此，一开始，我们不要规定孩子写读后感的字数，而是要鼓励他尽情发挥，哪怕画一幅画表达自己的心情和观点都可以。总之，我们要抓住读后感中值得夸奖的地方鼓励他再接再厉。

教孩子写读后感的方法

有些孩子一提到读后感就头疼，因为他们不知道如何落笔。因此，我们有必要教孩子写读后感的方法。

一般，对于低年级的孩子来说，其读后感的内容可以是记录书里讲了什么内容，句式可以以"这本书的内容是……"为开头，不需要孩子写自己的观点，他只要简单地把故事发生的时间、地点、人物关系，以及故事的开头和结尾交代清楚就可以了。他也可以记录最喜欢的人物，以"我最喜欢的人物是……"的句式为开头，写喜欢他的理由、人物特征以及性格。

对于高年级的孩子来说，我们可以让他按照以下形式写读后感：第一段写书名和作者的简介，然后用6~8句话写出整个故事的梗概；第二段介绍主人公，关于他的长相特征、性格以及独特的地方都可以写下来；第三段写事件发生的地点、时间、起因、经过、结果；最后一段记录自己的真实感受，这本书告诉我们什么道理，以及自己对这本书的看法，如果有不满意的地方，可以写下自己所希望的故事发展的情节。

不强迫孩子写读后感

让孩子写读后感的目的是引发孩子的思考，加深他对知识的理解。但有一些父母强迫孩子每看完一本书，就写一篇读后感，而且还对他有字数上的规定。这种硬性规定无疑会破坏孩子读书的兴趣，这也是为什么一些孩子一提到读书就头疼的真正原因。因此，我们一定不要强迫孩子写读后感，而是要先培养孩子的阅读兴趣，然后再要求他写读后感。

第八章

妈妈，我不想写作业！
——有效辅导、督促孩子写作业

辅导孩子学习是每个家庭一件很重要的事，也是令我们很多父母都感到困惑的事：我们要不要辅导孩子做作业？怎么辅导？事无巨细？还是大而化之？当孩子遇到不能独立解决的问题时怎么办？这一系列的问题摆在我们面前，我们应该如何应对呢？

第八章　妈妈，我不想写作业！——有效辅导、督促孩子写作业

我不想写作业

——知道孩子为什么不爱写作业

写作业是巩固孩子课堂上所学的知识的一种方式，可是有一部分孩子却不爱写作业，不仅做作业的时候拖拖拉拉，还经常不能按时完成。

上一年级的壮壮人很聪明，但成绩总是忽好忽坏，做作业的时候，也总是拖拖拉拉的。为此，老师没少批评他。刚开始的时候，经过老师的批评，他会表现得好一些。可是一段时间后，无论老师怎么批评，他就是不写。

一次，老师专门把壮壮的妈妈请来，要求妈妈看着他写作业。可是他要么不写，要么一会儿摸摸这儿，一会儿摸摸那儿，别人30分钟能完成的作业，他却需要1个小时。看到儿子这个样子，妈妈非常担心。

壮壮的这种现象绝对不是个别现象，不爱写作业是低年级孩子普遍存在的一个问题。那么，是什么原因造成孩子不爱写作业的呢？主要原因有两点：其一，老师布置的作业内容过于单调，因为大多数低年级老师给孩子布置的作业都是抄生字、生词，这种过于简单而机械的重复抄写使孩子感受不到写作业的乐趣；其二，孩子没有养成良好的学习习惯，尤其是低年级的孩子，他们在幼儿园时比较轻松，没有作业负担，而升入小学之后，一时间很难适应作业的压力，所以他们干脆不写。

鉴于此，我们只有在弄清楚孩子不爱写作业的原因后，才能对症下药，使他养成按时完成作业的良好习惯。

让孩子建立学习意识

对于刚入学的孩子来说，要想让他养成按时完成作业的好习惯，我们一定先要帮他树立学习的意识。我们要让他知道，他已经是一名小学生了，按时完成作业是学生的天职，如果不按时完成作业，就不是一名合格的学生，以此激励他按时完成作业。

督促孩子按时写作业

小学一、二年级是培养孩子学习习惯的关键期。因此，对刚入学的孩子，我们一定要督促他养成放学先写作业的好习惯。最开始的时候，我们可以陪同孩子一起写作业，坚持一段时间后，再慢慢缩短陪伴他的时间。当他的习惯养成了，我们再引导他独立完成作业。此后，我们只需要关注开头（知道孩子的作业都有什么，怎么写）和结尾（孩子的作业有没有写完，写得如何）就可以了。

此外，当孩子完成作业之后，我们可以从努力程度、完成时间、作业质量等几个方面给予他积极的肯定，以此激励他更好地完成作业。

多关心孩子的学习状况

对于孩子的学习状况，我们要及时了解，比如，每天在接孩子放学回家的路上，询问他一些上课的情况，引导他回忆课堂上所学的知识，还可以出一些有意思的数学题考考他。有时，孩子的作业需要我们配合才能完成，比如，帮他听写生字，或者监督他朗诵课文，之后签字确认。遇到这些情况时，我们一定要积极地给予配合。

帮孩子解决学习过程中的难题

孩子在做作业的过程中，常常会遇到一些解决不了的难题。这时，我们要及时伸出援助之手，耐心地讲解给他听。需要注意的是，我们不要直接告诉他答案，而是要以引导他思考为主，最终帮他找到解决难题的方法。

第八章　妈妈，我不想写作业！——有效辅导、督促孩子写作业

你怎么漏掉了一些题目？

——应对孩子写作业时偷懒的情况

写作业是检查孩子学习状况的一种方式，可以说是课后补充，是鼓励他自主学习的一个过程。可是有一些孩子并不重视写作业这个环节，他们要么不写，要么就偷工减料，结果导致自己学习成绩下降。

一个男孩上三年级，平时最烦的就是写家庭作业。一次，他写作业的时候因为粗心大意漏写了3个生字，可是老师判作业并没有发现这一点。于是，男孩便沾沾自喜起来，心想：反正少些几个生字老师也看不出来，那就干脆故意少写几个吧！带着这种侥幸心理，男孩以后每次写作业的时候都故意漏掉几个生字。结果一段时间后，男孩的学习成绩下降了很多。

男孩带着侥幸心理，写作业故意偷懒漏掉一些题目，这很明显是学习态度出了问题。当他的学习态度不端正了，他的成绩自然就会下降。由此我们也可以看出，端正孩子的学习态度是我们首先要做的一件大事。那么，在生活中，如果我们遇到孩子写作业偷懒的状况，应该如何纠正呢？

帮孩子明确写作业的目的

在一些孩子的观念里，他们认为学习是为父母学的，写作业也是给父母写的，与自己无关。就是因为抱有这种心态，所以他们写作业总是应付了事。因此，我们必须端正孩子的学习态度，明确地告诉他，写作业与其他人没有关系，既不是给父母写的，也不是给老师写的，

真正受益的人是他自己。同时，我们还要让他知道，写作业是检验他学习效果的一种方式，可以暴露出他学习中存在的问题，是很重要的一个环节。当孩子知道学习是为自己而学，也了解了学习的重要性后，自然就会重视写作业这个环节了。

重视孩子的漏题现象

一般情况下，我们在帮孩子检查作业的时候，主要是检查他的作业是否做完了、题目是否正确、作业本是否干净等，但是很少注意他是不是漏做了一道题，或者少写了几个生字，而这就有可能助长孩子的侥幸心理。因此，在检查孩子的作业时，我们最好拿着作业纸一项一项地对照，以检查他的完成情况。如果存在漏题现象，要及时让孩子补上。

不要急于批评孩子

对于孩子的漏题现象，我们不要急于批评，因为有时是他故意而为，但有时却是无心之过。因此，对于不同原因引起的漏题现象，我们要采取不同的态度。如果孩子是无心的，我们就要原谅他，并嘱咐他下次细心一些；如果他是故意的，我们也不要呵斥他，而是要晓之以理，动之以情，让他明白做作业的重要性，并监督他写作业的过程，以此端正他写作业的态度。

和老师"里应外合"

7岁的小雨有不写作业的习惯，每次老师询问他的作业情况，他总说忘在家里了。刚开始，老师信以为真，可是当让他带来的时候，他又说忘了带。因此，老师找小雨的父母谈了一番，他们决定"联手"帮小雨改掉这个毛病。在学校里，老师请班上一位品学兼优的学生和小雨同桌，督促他做作业。在家里，妈妈监督他写作业，并检查作业的完成情况。这种状态持续了两个月，最后，小雨的学习终于步入了正轨，如今他已经能做到保质保量地完成作业了。

家庭教育和学校教育就像火车行驶的双轨，只要配合得好，孩子的任何问题都能得到很好的解决。因此，针对孩子学习态度上的问题，我们不妨主动请教老师，向他寻求帮助，这样才能保证在不打击孩子学习兴趣的基础上，纠正他偷懒的坏习惯。

又马虎、潦草……

——重视孩子写作业时出现的细节问题

仔细观察一些孩子的作业本，并没有什么明显的错误，但字写得一塌糊涂，令人一看头就大了。还有一些孩子的作业并没有什么大错，都是一些细节上的小问题，要么少了个标点符号，要么少了半个括号。

一个男孩学习成绩非常好，一直在班上名列前茅，唯一的缺点就是字迹太潦草。不要说批改作业的老师看不清他写的是什么，有时候，连他自己都认不出自己写的字。妈妈虽然知道儿子存在这个问题，但从来没把它当回事。

一次期末考试，男孩其他学科的成绩都很好，可是唯独语文成绩非常低，而导致他语文成绩低的原因是作文分低，但不是他作文写得不好，而是字迹太乱了，老师实在没有耐心读，就姑且给他一个辛苦分10分（满分30分）。最初男孩很不服气，但还是接受了老师的建议。从此，他每次写作业的时候都会放慢速度，而且坚持每天练字。一段时间后，男孩的字迹有了很大的改善。

很多父母都认为孩子写字潦草，或者出现一些小错误没有关系，只要他把知识掌握牢固了就可以了。其实不然，这关系到孩子学习态度的问题，而且如果在考试中，他的字迹连判卷的老师都认不出来的话，那么他肯定不会得高分。因此，对于孩子作业中出现的一些小问题，我们也一定要予以高度的重视。

让孩子放慢写作业的速度

一些孩子为了早点写完作业，写作业的时候速度非常快，甚至连题意还没弄清楚就开始写，结果漏洞百出，字迹也很凌乱。孩子这种写作业的态度势必会影响他的成绩。因此，我们有必要嘱咐孩子放慢写作业的速度，字要一笔一画地写，做题时也要先审清题意，再解答。总之，我们一定要让孩子在保证态度认真的基础上，提高他写作业的速度。

规范孩子写字的笔画

点、横、竖、撇、捺、钩是最基本的笔画，如果要求小孩子把每个笔画都写的很规范有些难度。而横、竖是一个字的基本结构，只要他写的横不是太斜，竖不是太歪，字就会变得工整很多，也更容易辨认。此外，我们还要教孩子注意长横、短横、长竖、短竖、长撇、短撇，长捺和短捺的区别，否则也会影响一个字的整体结构。

要求孩子字的大小要匀称

字的大小和间架结构关系着孩子作业的整齐程度，其中大小包括字的整体大小和相对大小。我们应该要求他，每个字不能出格，也不能太小，大约占格子的 4/5 为宜，不能小于 1/2。此外，字与字之间的距离也要保持一致，不要相距太远，也不能相距太近。

让孩子保持作业本的干净整洁

有的孩子作业本总是脏兮兮的，上面什么都有，果汁、泥土、油渍……应有尽有；封面被涂得乱七八糟的，有卷角的地方，还有破损的地方；翻开里面，也被橡皮擦擦得黑乎乎的。看到这样的作业本，不要说老师没有批改的兴趣，孩子自己写作业的兴趣也会降低很多。

因此，为了避免这种情况的发生，我们一定要告诉孩子，作业本上不能乱涂乱画，用橡皮擦的时候也要注意擦干净，而且要注意力度，不要把本擦破了。而且作业本不可以随处乱放，以免弄脏。如果作业本出现卷角的现象，我们可以鼓励他用半干的擦布轻轻地擦卷角的地方，然后用字典压住，卷角的地方就会得到很好的改善。

课外题？！我要疯了！
——孩子做课外习题，对还是不对？

如今很多父母为了巩固孩子所学的知识，尽快提高他的学习成绩，又是给孩子请家教，又是给他买辅导资料。看到这种现象，本来不想让孩子学习这么紧张的那些父母也感到疑惑，到底应不应该让孩子做课外练习呢？做，怕加重孩子的学习负担；不做，怕孩子落在别人的后面，因此很多父母陷入了两难的境地。

事实上，课外练习题可以开阔孩子的眼界，活跃他的思维，增加他知识的广度和深度，同时还可以提升他的学习能力。如果孩子的课余时间丰富，书本上的知识已经掌握得很好了，我们就可以鼓励他适当地做些课外练习题；但是如果他的学习压力已经很大了，连教材上的习题还不能掌握，那么我们就不要再给他增加多余的负担了，而是要以课本知识为主。

也就是说，孩子做课外练习没有对错之分，一切都要根据他的实际情况而定。同时，孩子所做的课外练习题一定要有选择性，这样才能巩固他所学到的知识。

让孩子做老师指导下的课外题

一般情况下，老师会根据孩子的学习情况，在课后或者放学后给他布置一些课外练习题。这些课外练习题大多是由教研部门编写的，与孩子正在学习的内容很贴近。因此，我们要让孩子认真对待老师额外布置的习题。此外，如果我们想让孩子做些其他练习题，也要用老师推荐的参考书、习题书，这样针对性才更强。

孩子的课外习题要有选择性

我们要求孩子做的习题不能太简单，而且要避免重复，否则，达不到练习的效果不说，还会影响他做题的积极性。当然，题目也不能太复杂，如果知识点很偏，离孩子所学的知识太远，也会影响他做题的积极性。因此，在给孩子选择课外习题的时候，一定要让他做重要的、典型的、新颖的例题或者习题，而且还要要求他边做题边总结，总结题目的类型和做题的方法，这样他做课外练习的效果才会更明显。

指导孩子整理一个习题资料库

如果孩子只顾着做习题，却不及时做整理，那就相当于"狗熊掰棒子，掰一根丢一根"，做的多，丢的也多。因此，我们应该指导孩子建立一个习题资料库，要求他把所有的习题，包括课内练习、课外练习，以及考试题都总结出来，每隔一段时间翻看一回，尤其是在考试之前看，可以起到很好的复习效果。

不强迫孩子做课外练习题

两个女孩一起写作业，一个女孩说道："我要快点写完，写完就能玩了。"而另一个女孩撇撇嘴，说："我还是写慢点吧，我要是写快了，妈妈还会给我布置别的作业的。"

许多父母喜欢在孩子做完家庭作业后，单独给孩子布置额外的作业。当孩子发现这一规律后，他就会想，反正写完老师布置的作业还要写新的，那还不如耗着时间，放慢写作业的速度，结果他写作业时总是磨磨蹭蹭。因此，当孩子做完作业后，我们千万不要再强迫他做课外练习。如果要求他做的话，也要在他做作业前就事先讲好，以免他写作业时拖拖拉拉的。

书本习题为主，课外习题为辅

我们要求孩子做练习题，必须遵循一条原则：以书本习题为主，课外习题为辅。因为书本上的习题大多和书本中的知识点密切相关,也是书本知识的必要补充,所以孩子所做的习题一定要以书本上的知识为主。当孩子把书本上的知识点都掌握后,如果他有余力的话,再要求他做些课外习题也不晚。

第八章　妈妈，我不想写作业！——有效辅导、督促孩子写作业

妈妈，帮我检查一下！

——正确处理"检查作业"这一问题

作为父母，关注一下孩子家庭作业的完成情况是再正常不过的一件事了。这不仅是我们的责任，也有助于培养孩子良好的学习习惯。但有些父母担心孩子因为粗心而在学习上出问题，所以总是严格为孩子把关，每天都为他检查作业，希望能对他的学习有所帮助。事实上，这种做法不仅对孩子的学习起不到任何帮助的作用，反而会使他产生依赖心理。

古语讲："授之以鱼，不如授之以渔。"我们与其帮孩子检查作业，不如教他检查作业的方法。那样既节省了我们的时间，也让孩子掌握了正确的学习方法，何乐而不为呢？

一天晚上，妈妈要求 8 岁的儿子检查作业。可是看着那么多题目，儿子开始犯愁了，但为了敷衍了事，他勉强地盯着作业本看了 5 分钟，便告诉妈妈检查完了。妈妈问："检查出错误了没有？"只见儿子摇了摇头，说："没有。"妈妈听了，笑了笑说："检查不能只用眼睛瞟一下就行了，必须一道题一道题地验算，动笔才行啊。"说着拿过儿子的卷子，"来，妈妈教你吧。"

就这样，妈妈耐心地看起了儿子的卷子，边看边夸张地说道："哇，老妈刚检查到第五道题，就发现了 3 颗'地雷'。"

"地雷？"儿子惊讶地望着妈妈。

"'地雷'就是错误，快看看你能不能自己把这 3 颗'地雷'挖出来。"

"前 5 道题有 3 处错误？"儿子用怀疑的语气问道。

"是的。"妈妈肯定地点了点头。

于是，儿子低下头，仔细地检查起来，突然眼前一亮，兴奋地说道："妈妈，我已经检查出一个'雷'了。"

"是吗？在哪？"妈妈惊奇地看着儿子，顺着他手指的方向，惊讶地继续说道，"这么快就找到了，继续努力。"

一会儿，只听见儿子大叫道："找到了，又找到一个，我把加号看成减号了。"

"这么快，继续找第三个，看看能不能找到。"

很快，儿子就找到了第三处错误。最后，妈妈笑着对儿子说道："我儿子快成'扫雷'专家了啊！"儿子腼腆地笑了笑。接着，妈妈继续鼓励道："快看看后面还有没有'雷'了。"就这样，儿子很快就把作业都检查完了。

妈妈将"检查错误"比作"扫雷"，增加了儿子检查作业的乐趣，而且她还善用鼓励的方式引导儿子把错误一个个地全都找出来了，最后还赋予他"扫雷专家"的称号，使整个作业检查的过程就像一个"游戏"，也难怪最初没有耐心的儿子最终可以独自一人把错误都检查出来。这位妈妈的方法绝对值得我们好好借鉴，那么除了这个方法之外，还有没有其他好方法可以帮助培养孩子及时检查作业的好习惯呢？

教孩子检查作业的方法

很多孩子之所以不爱检查作业，是因为不会检查，所以我们一定要耐心地教他检查作业的方法。一般检查语文作业就要对照着课本上正确的字、词看，而检查数学作业的方法则有很多，比如，检验法，把演算结果带入已知条件中，看是否满足题目要求；逐查法，从做题的第一步开始，一步一步地检查，不仅要看推导得对不对，还要看题目抄写、数字是否正确；逆查法，从演算的最后往前推算，看能不能回到题目中的已知条件。当孩子掌握这些方法后，就可以用在平时的作业中，提高检查作业的效率了。

第八章　妈妈，我不想写作业！——有效辅导、督促孩子写作业

让孩子"愿意"检查作业

面对作业，很多孩子一开始检查的时候不知道如何下手，也缺乏耐心。这时就需要我们慢慢引导孩子，比如，最初的时候可以把要求放低，只要求他检查前5道题。当他看到任务不是那么重，也就有检查的愿望了。而且当他检查出错误的时候，我们一定要给予他积极的评价，这样他就能体会到一种成就感，也就愿意继续检查了。

不要完全代替孩子检查作业

一开始的时候，我们就不要帮助孩子检查作业，否则等他养成依赖的心理就不好纠正了。相反，我们可以先帮孩子检查几道题，但不直接告诉他错在哪儿，只是告诉他哪几道题中有错误，然后让他自己查找。当他检查作业的意识建立了以后，我们再寻找一个恰当的时机告诉他："从今天开始，我们要加大'扫雷'的难度了，由你一个人独立完成'扫雷'的任务，看你能不能顺利完成。"以此激励孩子独立检查作业。

我不想一个人写！

——陪孩子写作业，应该还是不应该？

一些孩子做作业的时候总是磨磨蹭蹭的，喜欢父母陪在身边，这种现象在年龄小的孩子身上最为普遍。结果在很多家庭中，陪孩子写作业成了很多父母每天必做的"功课"。

某学校曾对372名小学生做过一项调查，调查发现60.2%的父母有陪孩子写作业的习惯；64.2%的父母在检查孩子的作业本后，帮他改错。其实这种陪孩子写作业的习惯是十分不利于他良好学习习惯的养成的，而且时间久了也会给我们带来困扰。

一位妈妈最近有件烦心事，读二年级的女儿总不能独立完成作业，每次写作业必须妈妈陪着才能完成。但是妈妈下班后，有很多事情需要处理，没有那么多时间陪着女儿。一天，妈妈对女儿说："你已经长大了，应该独立完成作业了，今天妈妈不陪你了。"女儿点了点头。可是中途遇到一些难题，她连想都不想就会跑到妈妈身边求助。为此，妈妈感到十分头疼，女儿什么时候能不依赖自己而独立完成作业呢？

如今，和这位妈妈有同样苦恼的父母绝对不在少数。他们一方面担心孩子不会做题目而导致学习跟不上，另一方面又希望孩子养成独立学习的好习惯。那么就引发出这样一个问题：我们到底应不应该陪孩子写作业呢？

很多父母认为陪同孩子做作业是帮助他养成良好学习习惯的一种方式。事实上不是这样的，我们陪孩子写作业时间越长，扮演的角色越接近"监工"。而孩子骨子里是不喜欢一个监工的，他们大多是表面屈从，但内心却不服气，所以陪孩子写作业不是在培养他的好习惯，而是在瓦解他的好习惯。

而且如果我们花费太多的时间和精力在上面的话就容易产生"讨债"心理，当孩子成绩不好时，我们很可能会埋怨他："我花了那么多时间陪你学习，你就以这种方式回报我？"这样只会导致孩子逐渐丧失自我管理的信心。

可见，陪孩子写作业绝对是弊大于利的。当然，问题的关键不在于应不应该陪，而在于陪要怎么陪，不陪又怎么做才能把弊端降低到最小，促使孩子养成良好的学习习惯。那么具体来讲，我们应该怎么做呢？

陪同孩子写作业要讲究方法

对于一些年龄小的孩子，他们最初还没有建立写作业的意识，这个时候就需要我们帮他们养成良好的学习习惯。我们可以催促、提醒他，也可以陪同他，但陪同要讲究方法，不要在一旁指指点点。相反，在孩子写作业的时候，我们可以拿一本书，坐在他的书桌旁认真地看，以这种方式熏陶他，这样在耳濡目染下，他就会养成按时做作业的好习惯了。

不要剥夺孩子思考的权利

很多父母在陪同孩子做作业的时候，看到孩子做题很慢或者某道题做错了，一着急就会直接告诉他题应该怎么做，或者直接把他的错误指出来，而这在无形中就剥夺了孩子思考的权利。因此，在陪同孩子做作业的过程中，我们应该尽量让孩子自己思考，哪怕做错了，也要让他自己承担后果，自己改正错误，而不要直接告诉他答案。

尽量不陪孩子写作业

7岁的妞妞刚上学的时候，觉得写作业是一件很新鲜的事情，所以每天放学第一件事就是写作业。可是几天后就懈怠了，总需要妈妈提醒。可是妈妈觉得这样对女儿不好，所以就决定不再提醒她。

孩子不爱学习，妈妈怎么办？

一天，妞妞放学后因为玩过了头，直到晚上临睡前才想起写作业这回事来，结果晚上 10:00 多了，她不得不从床上爬起来，急忙赶作业。在赶作业的过程中，妈妈也没有陪她，而是坚持让她一个人写。自此以后，妞妞再也没有出现过因为玩过了头而忘记写作业的情况了。

这位妈妈从妞妞上一年级开始就不陪她写作业，即使她玩过了头而忘记写作业，妈妈也不陪她赶作业。这位妈妈表面上看起来有些"狠心"，但实际上这才是真正为女儿好。因此，我们要能"狠"下心来，一开始就不要陪孩子写作业，让他学会对自己负责，以此促进他良好学习习惯的养成。

第八章　妈妈，我不想写作业！——有效辅导、督促孩子写作业

妈妈辅导不了我！

——妈妈文化程度低，怎样辅导孩子？

随着孩子年龄的增长，我们做父母的在辅导孩子功课的时候也略微感到有些吃力。数学和语文还好，但英语都放下那么多年了，早就忘得一干二净了。尤其是一些文化程度不高的父母，对于孩子的学习，他们一点忙也帮不上，只能看着干着急。

事实上，学习是孩子自己的事情，不管我们是否有能力辅导他，最终都要依靠他自己的力量。在新闻广播中，我们不也经常听到这样的报道吗？某对农村夫妇，大字不识一个，可他们的孩子一样能上大学、当博士。可见，学习关键还是靠孩子自己。

有一位妈妈是工人，虽然文化程度不高，但是对于女儿小学所学的知识，她还是有能力辅导的。然而她却很"懒"，从女儿上二年级开始，她对女儿的学习就逐渐放手了。

在数学方面，妈妈故意向女儿示弱："妈妈一看到数字就头晕，小时候数学就没学好，要完全靠你自己上课好好听讲，不会的就直接问老师吧。"女儿上进心很强，于是上课听讲时就非常认真。第一次遇到不会的题目时，妈妈陪她一起向老师请教，但是以后就由她自己问老师了。

在语文方面，女儿遇到不认得的字去问妈妈，妈妈会说："你查查字典吧，我也拿不准。"女儿偶尔会嘲笑妈妈："您都不会啊？""老了，脑子也糊涂了。"妈妈摇着头，说："如果你查到了就告诉我一声，下次我遇到的时候就不会念错了。"听到妈妈这样说，她就很高兴地

去查字典了。听写生字的时候，如果女儿遇到不会的，妈妈也不会直接告诉她，而是要求她注上拼音，然后再翻看书本，按照拼音写生字。

对于女儿的英语，妈妈一点忙也帮不上。为此，妈妈嘱咐她："好孩子，妈妈已经十几年没学英语了，早就忘光了。你做妈妈的英语老师吧，学会了教妈妈。"听了这样的话，女儿便有一种身负重任的感觉，学习起来非常认真。

这位妈妈并没有刻意辅导女儿某一门功课，可是女儿所有的功课都学得非常认真。从这对母女身上，我们不难发现这样一条规律：妈妈强，女儿便弱；妈妈弱，女儿便强。可见，在孩子面前，适当的示弱可以使孩子变得强大起来，这不失为培养孩子良好学习态度和良好学习习惯的一种方法。

那么，在实施这些方法的过程中，我们要注意些什么呢？

把良好的学习态度传递给孩子

如果我们有能力的话，可以适当地辅导一下他的功课。但是没有能力的话，也不必苛责自己，相反要把良好的学习态度传递给孩子，比如，谦虚好学的态度。当遇到不会的问题时，我们要怀着一颗谦虚好学的心，主动向他人请教，当然向孩子请教也可以。同时，我们要养成经常看书的好习惯，营造一个宽松的学习氛围……在某种程度上，这对孩子就是最好的辅导。

辅导孩子要保持耐心

一位妈妈感慨道："我的学历比老师要高，可我怎么就辅导不了我上四年级的儿子呢？"其实这位妈妈的感叹一点也不奇怪，这和我们的学历没有太大的关系，主要是我们缺乏辅导孩子的方法。

有些父母辅导孩子时一开始很热情，但是如果孩子频繁地提问或者反应迟钝，他便会不耐烦，甚至训斥孩子"笨"，责怪他"怎么连这么简单的问题都不会？"而这种态度和话语无疑会影响孩子学习的积极性。孩子不理解我们的讲解也不能完全怪他，因为我们在讲解的过程中可能词不达意或者不够仔细，也可能思路不明，缺少条理，所以孩子不理解是很正常的事情。

因此，在辅导孩子功课的时候，我们一定要保持耐心，注意语调和态度，以营造一个温馨、轻松的学习氛围，往往这种随和的态度营造出来的氛围同辅导方法一样重要。

让孩子掌握正确的学习方法

正确的学习方法是孩子学习好的先决条件，如果我们的文化水平没有那么高，不能给孩子一些学习方法上的指导，我们不妨给他买一些关于介绍学习方法的书籍或者让他学习名人的学习方法。同时，我们要嘱咐孩子一定要提高课堂听讲效率，如果他能把握住课堂上所学的知识，课余时间的学习也就不必那么紧张了。此外，当孩子遇到不会的问题时，我们要鼓励他主动请教老师。

能写得快点吗？

——孩子写作业太慢了，妈妈怎么办？

很多孩子都有写作业慢的毛病，一方面的确是字写得很慢，抄写生字生词要很久，另一方面是写的时候三心二意，总是拖拖拉拉的，结果很久才能写完。针对孩子写作业慢的毛病，很多父母都感到很头疼。

上一年级的强强刚开学的时候非常兴奋，每天都会按时完成作业，可是一段时间过后，他的兴奋劲儿就过去了，每天都是心不甘情不愿地做作业。写作业的时候，一会儿出来喝水，一会儿又吃东西、上厕所，花样特别多，每天都要磨蹭到晚上9:00多才能写完。

于是，妈妈就陪着他写作业，这才发现强强写作业慢的真正原因不只是三心二意这么简单，他写字的速度也非常慢。抄生字的时候，他总是看一眼，再写一个笔画，结果写一个字要看好几眼书。因此，妈妈就教强强抄生字的时候，看一眼书要多记住几个笔画，然后再落笔写，这样就能节省很多时间。同样，妈妈还教他抄课文的时候，要记住一句话再抄写，这样也可以节省很多时间。后来，当强强学会妈妈的这个方法后，写作业的速度果然快了很多。

很多孩子之所以写作业慢，是因为他们除了注意力不集中外，还缺乏正确的学习方法。当妈妈教强强正确抄生字、抄课文的方法后，他写作业的速度自然就会提高了。因此，要想提高孩子写作业的速度，我们必须弄清楚他写作业慢的真正原因，这样才能对症下药。

让孩子一心一意做作业

有的孩子之所以写作业很慢，是因为他没有专心投入，"附加动作"太多，一会儿东张西望，一会儿玩会儿橡皮，一会儿又玩会儿铅笔。有的孩子还喜欢几个人凑在一起边聊天边写作业，或者写作业的时候看电视、听音乐，总之，写作业的时候还要干点其他的事情。如果孩子带着这样的学习态度怎么能专心投入学习当中，保证做作业的效率和质量呢？

因此，我们应该要求孩子写作业的时候注意力要集中，不做与学习无关的事情，书桌上也不要摆放与写作业无关的东西，以免令他分心。此外，在孩子专心学习的时候，我们也不要打扰他："儿子，你渴不渴？妈妈给你倒杯水吧！""你今天在学校表现得怎么样？"以保证他能够专心学习。

在规定的时间内完成学习任务

一般情况下，我们可以根据孩子每天的作业量，给他限定一个时间，让他在这个时间范围内完成作业，以此提高他写作业的速度。当然，如果作业很多的话，我们可以让孩子分阶段地完成。当孩子能专心完成任务时，我们一定要给予他一定的鼓励，表扬、爱抚或者亲吻都可以达到鼓励的目的。

提高孩子的注意力

在孩子学习时，为了减少他走神的情况发生，我们可以要求他边审题，边把条件勾画出来，这样就能慢慢提高他的注意力了。此外，大声朗读是口、眼、脑相互协调的一个过程，有利于训练孩子的注意力。因此，我们不妨每天为他安排10~20分钟的朗读时间，以提高他的注意力。

让孩子注意劳逸结合

做作业的时候，孩子的大脑处于高速运转当中，如果他连续思考问题的时间过长，大脑就会出现疲劳的状况，思考问题也会变得缓慢，而这就会导致他学习效率下降。因此，当孩子学习40分钟左右的时候，我们应该提醒他适当地休息一下，比如，走动一下，做一做眼保健操，当大脑得到休息后，再让他投入学习当中，这样他的学习效率就会提高了。

第八章　妈妈，我不想写作业！——有效辅导、督促孩子写作业

写完就万事大吉了！

——重视老师的批改

很多孩子以为写完作业就没事了，可以尽情地玩了。对于老师批改回来的作业，他也不闻不问，继续写新的作业。结果作业写是写了，可是完全没有达到检验学习效果的目的，同样的错误还会一而再，再而三地犯。

一个男孩放学后就急匆匆地写作业，写完后刚要跑出去玩，就被妈妈叫住了："作业写完了？""写完了。"男孩点了点头。妈妈继续说道："拿来我看看。"妈妈仔细地看了一遍当天的作业，发现果然完成得不错。可是无意中翻看了前几次的作业，发现前几天作业有很多红"×"。

"怎么前几天的作业还没改呢？"妈妈问道。

"老师没有要求一定要改。"男孩回答道。

看着儿子一脸无辜的样子，妈妈摸着他的头说："做作业不是做完了就行了，也不是看做对了几道题，而是检验你对知识掌握的程度。你有错题，说明你这块儿知识比较薄弱，改正过来，才能巩固这块儿的知识啊。"

说完，男孩点了点头，妈妈继续说："来，妈妈陪你一起改。"最后，在妈妈的指导下，男孩很快就把以前的错题改完了。

孩子之所以忽略了老师批改回来的作业，一部分原因是因为懒惰，还有一部分原因是不知道老师批改作业的意义。因此，我们一定要让孩子正确看待老师的批改。

让孩子重视老师的批改评语

在批阅过孩子的周记本或者作文后，一般老师都会留下中肯的评价，评价中，老师会鼓励孩子，也会指出他的问题所在。因此，我们一定要让孩子认真对待老师的批改评语，并适当地帮他分析这些评语，告诉他哪些地方需要改进，哪些优点要继续保持，以此鼓励他继续努力，弥补自己的不足。

鼓励孩子积极改正错误

我们要告诉孩子，写作业时犯错误没有关系，但是要勇于改正，这样才会提高得更快。相反，如果漠视这些错误，仍然不知道犯错误的原因，就不能有效地避免下次犯同样的错误。这样做作业的目的不仅没有达到，还浪费了很多宝贵的时间。当孩子明白改正作业的重要性后，也就不会再轻视这个过程了。此外，当孩子的作业本出现错误的时候，我们一定要督促孩子在做作业之前，把以前的错误改正过来，再做当天的作业。

鼓励孩子建立一个"错题本"

"错题本"是一个很好的学习方法，它是孩子把作业、课外习题、试卷中的错题整理在一起的一个本。这个本不仅有利于孩子找出学习中存在的薄弱环节，也是他复习的第一手资料。

对于"错题本"的建立，我们可以要求孩子按照错误的原因把错题分为概念错误类、思路错误类、理解错误类、粗心大意类、运算错误类、审题错误类等类型。当孩子发现错题时，我们应该鼓励他把错误的题目、自己错误的思维过程和老师的分析讲解都记录下来，这样便于暴露出他的错误，也便于他复习。

当然，当"错题本"建立后，孩子一定要及时更新，经常翻阅，尤其是在考试之前，如果能浏览一下，或者把错题再做一遍，就有利于提高孩子的成绩。

第九章

又考试！我害怕考试啊！
——把孩子培养成"考试高手"

很多孩子在考试前期都会出现这样或者那样的不适状态，比如，食欲不振，睡眠不好，考试当天拉肚子，等等。实际上，这些都是孩子恐惧考试的表现，而这种紧张的心理状态很可能是他考试发挥失常的真正原因。那么，我们怎样做才能消除孩子的紧张情绪，把他培养成一个"考试高手"呢？

第九章　又考试！我害怕考试啊！——把孩子培养成"考试高手"

我得大量做题吗？

——应对考试，别让孩子陷入"题海"

俗话说："临阵磨枪，不快也光。"这句话被很多父母用来激励孩子在考试之前好好复习。的确，这句话有一定的道理，但关键是采取怎样的"磨"法。如果我们要求孩子采用"题海战术"，那么无疑作用不大。

期末考试马上就要到了，为了帮助女儿考个好成绩，妈妈下足了工夫。她专门去书店帮女儿买了一本考试模拟真题，而且要求女儿每天做一套，10天正好可以把全部题目都做完。

可是，这套模拟真题的题目略微有些偏，每做完一套试题，女儿露露都会错很多，而且还有很多不会的题目。结果露露越做越没有信心。最后，她哭着说："妈妈，我这次肯定考不好了，还有这么多不会的题目。"

在考试之前，很多父母也同露露的妈妈一样，要求孩子做很多题，目的无非是希望他巩固所学的知识，培养做题的感觉，因为做的题越多，所掌握的题型和解法也就越多，这样孩子在考试时遇到同样类型的题也就不会不知所措了。

可是看到露露的反应，我们不难发现，这种"题海战术"造成的结果往往与我们所设想的不一样，打击了孩子的自信心不说，还会引起孩子大脑和心理的双重疲劳。而且孩子学习水平的提高绝对不在考试前的几天内，而重在平时的积累。

当然，即使是为了减轻孩子的考试压力，我们也不能让孩子在考试前一点题都不做。因此，让孩子做什么类型的题、做多少、怎样做就成了问题的关键。

不让孩子做模拟题

在考试前的 10 天内，应该逐渐减少孩子的做题量，尤其要避免做模拟题。因为一般模拟题要比考试题略微难一些，如果孩子做得不好，会打击他的自信心，影响他的情绪。相反，我们可以找一些往年的考试真题让孩子做一做，一方面让他熟悉考试，另一方面增强他的信心。

复习曾经做错的题目

考试前的一段时间内，孩子不必做过多的题目，但要保证自己曾经做错的题目不能再做错。我们可以鼓励孩子整理一下复习资料，把错题好好看一看，总结一下自己做错的原因，回想当初是怎样一个思路，然后再认认真真地把题再做一遍，以此牢记正确的解题思路。

保证充足的睡眠

孩子至少应该在考试前 3 天就调整好自己的作息时间，每天保证 7~8 个小时的睡眠时间，如每天晚上 10:00 睡觉，6:00 起床。尤其是有在晚上学习习惯的孩子，一定要提前半个月把自己的生物钟调整到迎考的最佳状态。

帮孩子调整好心态

考试之前，孩子除了要加紧复习外，也要适当地放松自己，不要给自己太大的压力。同时，我们也不要对他有过高的期望，只要他发挥出正常水平就可以了。为了缓解孩子的考试压力，我们可以教他一些放松的方式，比如，听一些优美的音乐，朗诵几首优美的古典诗词等。傍晚的时候，我们也可以带孩子在小区内或者附近的公园散散步，呼吸一下新鲜空气，这些都有助于他放松紧张的神经。

第九章 又考试！我害怕考试啊！——把孩子培养成"考试高手"

是该好好复习！

——教孩子考前分科，全面复习，把握重点

考试是检验孩子学习效果的一种方式，而考前的复习是学习过程中比较关键的一步，其复习效果往往决定着孩子的考试成绩。

一般来说，考试前的四五周是复习的最佳阶段，孩子绝不能以单纯的做题替代复习，复习的重点应该放在查漏补缺、总结经验教训、梳理知识点上。在这段时间内，他的头脑中应该建立起一个清晰的知识结构图，这才算是达到了复习的目的。

那么，我们如何才能帮孩子把清晰的知识结构图建立起来，让他把握知识的重点，把所有的知识点都复习了呢？

制订一个短期复习计划

在考试期间，由于考试科目众多，时间比较集中，孩子总是手忙脚乱的，面对那么多科目，他可能不知道如何下手。有的孩子看到别人复习数学，他也拿出数学来复习，看到人家背诵语文课文，他也跟着一起背，结果复习了半天，也不知道自己记住了什么。因此，在这短暂的时间内，孩子必须有一个合理的复习计划和安排。复习计划应该明确重点，主次分明，内容包括复习科目、复习内容以及复习时间。同时，计划的制订应该符合这样一些规则：文理科应该交替安排；需要强化记忆的内容尽量安排在早上或者晚上；在孩子学习效率最高的时候，安排重点的复习内容；在孩子情绪和精力处于"低谷"的时间段，安排次要的复习内容或者让他稍事休息。当然，最重要的一点是，

当计划制订好后，我们要监督孩子全面落实。

利用好复习资料

如果有足够的复习时间，我们应该鼓励孩子把每一科的复习资料都进行适当的整理，比如，上课的笔记、平时测验的卷子等。如果考试之前来不及进行全面的总结和归纳，就把课本通读一遍，然后再把例题独立地做一遍，这也不失为一个复习的好方法。

复习要全面

有些孩子考试前存在侥幸心理，认为不重要的不会考，就不复习，结果从考场出来后发出这样的感慨："我复习的都没有考，考的都是我没有复习到的。"这种复习方式自然不会取得好成绩，即使偶尔押对了题，得了高分，也是侥幸。从这些孩子的身上，我们不难发现其复习方法存在的问题。

因此，复习时一定要避免孩子投机取巧的心理，而要让他扎扎实实地掌握每一个知识点。当然，复习也要有重点，一般情况下，考试前，老师会给孩子一个大概的考试范围，我们要鼓励孩子按照这个考试提纲进行复习，同时配合几套考试真题来做，以检验他们的复习效果。

注重考试前的强化记忆

如果孩子平时有复习习惯的话，他在平时的复习中就已经基本完成了对各类题型的训练和分析，也对所学的重点有了一个全面的把握。在临考试前，他的复习重点应该放在一些知识的强化记忆上，比如，重要的概念、公式、原理、结论，重要的词汇、语法规则，以及重要的历史事件、政治事件等。

得做些难题才行？

——让孩子注重基础知识，不要"练难题"

有些孩子越临近考试，越喜欢找一些相对较难的题来做，做出来后不仅会有一种成就感，而且能给考试增添一份信心。事实上，这种复习方法是非常不科学的，因为毕竟考试的时候难题占的比例比较小，大部分题还是对基础知识的考查。有一些孩子就是因为不懂得这个道理，所以在这方面吃了大亏。

琪琪是班级里学习成绩比较好的学生，人非常聪明，专门爱钻研一些疑难问题。有时候，连老师都要思考好久的问题，她却能在很短的时间内做出来。所以，无论是同学还是老师都非常欣赏她。

可是每次考试后，琪琪的成绩都不如老师预期的那么高，只能达到班级的中等水平。一次，老师拿她的试卷和一位与她分数差不多的同学的试卷比较了一下，发现虽然对方后面的高分题失分很多，但是前面的基础题基本不丢分。可是琪琪却恰恰相反，在高分题上，她基本不失分，可是像选择题、判断题这样的基础题，失分比较多，所以综合分数就和对方差不多。

为此，老师专门找琪琪谈了一次话，嘱咐她要学好基础知识。一段时间后，琪琪的成绩果然有了很大的提高。

同琪琪一样的孩子还有很多，他们在考试前很容易走入误区，把大部分精力放在解答疑难问题上。事实上，任何一门科目的考试，难题的比例只占 20% 左右，基础题则会占到 60% 左右。可见，复习基础知识才是取得高分的根本。但是如果孩子舍本逐末，把 60% 的精力放在了 20% 的难题上，不重视对基础知识的复习，势必难以取得好的成绩。

因此，在复习过程中，一定要让孩子把握住基础知识，当基础打牢了，他就能在很短的时间内提高答题的效率，也能有效地避免不必要的失分了。

回归课本，重视基础知识

每当考试来临的时候，孩子手里的复习资料就会非常丰富，有从网上打印出来的，也有补习班老师圈点的重点范围，还有很多其他辅助教材……事实上，再多的复习资料都不如课本的知识全面，因为其他的复习资料也都是从课本中衍生出来的。所以，考试前，教材应该是孩子复习的第一手资料。此外，我们要嘱咐孩子把语文课文中的名句、名篇掌握牢固，还要让他把数学课本中的公式、原理记清楚。如果他有足够的复习时间，还应该把课后练习题好好做一做，这样复习的效果才会更好。

减少孩子的难题量

在考试前期，孩子不适宜做大量的难题，相反，所做的题目应该本着"少而精"的原则。也就是说，这段时间做的题目一定要典型，典型的标准是要涉及多个知识点，这样才能达到事半功倍的效果。同时，孩子也可以根据自己需要强化的知识点有针对性地做练习，这样做题的效果会更好。

不要轻易听信各类"押题冲刺班"

在考试之前，尤其是面对小升初或者中考这样的大考试，我们一定不要轻易相信媒体或者其他宣传中的"押题冲刺班"。不论这个冲刺班是否权威，如果我们盲目地给孩子报名，一方面会打乱孩子的复习计划，另一方面也会占用孩子独立复习的时间。如果我们真想提高孩子的复习效率，帮他找到复习方向的话，不妨请教孩子的老师，请老师给一些建议或者方法，这样，孩子的复习才不会偏离考试的轨道。

我害怕考试，怯场啊！

——提升孩子应考能力有妙招

在生活中，有一些孩子平时学习成绩不错，一般能保持在班上的前几名，可是一遇到大考就紧张得不得了，学过的知识一下子全都想不起来了，成绩也总是特别差。为此，很多父母都非常担心，怎样才能提高孩子的应考能力呢？

马上就要参加小升初的考试了，婷婷看起来十分紧张，她不怕考试时遇到难题做不出来，而是怕会做的题因为粗心而失分。尤其是在考前的3个晚上，她几乎没有睡好觉。而且她多次问妈妈："我要是考不好怎么办啊？"看到女儿紧张的神情，妈妈每次都会笑着安慰她："只要努力了就行了，不管考上哪所学校，妈妈爸爸都支持你，我们是不会责怪你的。"

在妈妈的鼓励下，婷婷感觉轻松了好多。3天后，她以轻松的状态进入了考场，考试时她什么也不想，只是认真地答题。最后，她以一个很好的成绩考入了重点初中。

在考试之前，很多孩子都会有和婷婷一样的担心，担心自己考不好，担心自己考不上重点学校。这很明显是孩子自信心不足的表现，如果他带着种种担心进入考场，自然很难发挥出正常水平。而妈妈的一番安慰，恰恰起到了缓解她紧张情绪的作用。可见，必要的时候，我们应该给予孩子一定的鼓励，让他明白考试结果并不重要，只要尽力了就可以了。

当然，孩子考试怯场除了自信心不足外，还有这样几点原因：一是孩子心理素质差，承受能力低，遇到考试等严肃场合，就会情不自禁地怯场,以至于发挥不出正常水平;二是我们对孩子的期望过高,结果导致他过分紧张,不能很好地发挥;三是缺乏考试经验,看到监考老师严肃的神情,感受到考场上紧张的氛围,再加上平时的学习成绩不稳定,便很容易产生怯场的心理。

对照以上几点造成孩子考试紧张的原因,我们要结合孩子自身的情况,弄清楚到底是什么原因导致他紧张的,然后再对症下药,采取一定的措施,这样才能真正消除他的恐惧心理。

对孩子的期望不要过高

有些父母对孩子要求很严格,要求他必须考到××分或者××名,但这可能超出了孩子的实际水平,也超出了他的心理承受范围,导致孩子思想压力很大,结果越怕考不好越考不好。事实上,我们应该根据孩子的实际情况"量体裁衣",给他制定合理的目标,同时要告诉他,只要尽力了就可以了。如果孩子给自己的压力很大的话,我们还要适当地帮助他放松,比如,和他聊聊天、陪他看看电视等,以缓解他紧张的情绪。

教孩子调整心态的方法

有一些孩子本来考试时不紧张,可是碰到一道不会的题后,心里一着急,不知怎么回事,大脑好像短路了一样,就什么也想不起来了。结果看着试卷干着急,可越急越想不起来,可想而知,最后的考试成绩也不会太好。孩子的这一问题,是典型的考试"怯场"的表现。

如果孩子存在这样的问题,我们一定要教他调整心态的方法。要告诉孩子,遇到难题不会做时不要担心,闭目养神休息一会儿,或者深呼吸 3~9 次。当冷静下来之后,再继续作答。

此外,我们要嘱咐孩子,不要因为怯场而过度担心,如果忽略它,紧张情绪几分钟就会过去,但是如果过分为之担忧,只会加重怯场的心理,导致症状越来越严重。

多为孩子提供锻炼的机会

有些孩子之所以考试紧张,很大一部分原因是经历得少造成的。因此,我们应该多为孩子提供一些锻炼的机会,比如,鼓励他参加演讲比赛、辩论比赛,让他在这些竞赛活动中进行"演习",积累临场经验。这样再遇到类似考试等"重大"的事情时,他就不会因为心里紧张而怯场了。

一定把它解出来？

——做题先易后难，别跟一道题较劲

有些孩子在考场上比较固执，专门和某一道题较劲，有一点不把这道难题征服就不做下一道题的意思，结果把大部分时间都浪费在了这一道题上面。如果孩子最后把它"征服"了，还会有一点心理安慰，但是如果答不上来，便会很沮丧，而且还会耽误后面的答题时间，实在是不划算。

圆圆在小升初考试结束后十分后悔。在考试之前，她总觉得中考特别难，所以在考前的几个月内，她专门找一些难题来做，尤其是数学，她下了很大功夫。可是结果她在数学考试中失分最多。更令人惊奇的是，最后一道大题她竟然一分都没有得到。

在考试过程中，因为平时练习难题比较多，所以她先从最后一道题做起，可是因为把解题过程想得太复杂了，她没有找到合适的解题思路，结果在这道题上她花了好长时间，最后不得不放弃了。当她决定放弃的时候，看了看时间，发现离考试结束只剩下一半的时间了。于是，她急匆匆地赶前面的题目。在临近交卷的那一刻，她才算把试卷全部答完，根本没有时间检查。

考试结束后，圆圆不甘心，又想起了考试中的这道大题。她联系书中的基础知识好好地想了想，几分钟就找到了解题思路。最后，她后悔不已，后悔自己把简单的题目想复杂了，结果难题没做出来，也不能保证简单的题都做对了。

圆圆把数学考试中最后一道大题想象得太难，结果找不到解题思路了，更重要的是耽误了后面的答题时间，导致连检查的时间都没有了。这种顾此失彼的做法实在不值得提倡。因此，我们一定要教孩子掌握正确的答题方法。

不把时间浪费在某道难题上

试卷中的题目有难有易，孩子应该给自己一个准确的定位，衡量一下自己是否有能力挑战所有的难题。如果有，应该先做基础题和中等难度的题目，当确定这些会做的题目不会失分后，再钻研难题。如果孩子没有这个能力，我们应该鼓励孩子遇到难题能舍就舍，只要保证会做的题都做对了，把握住有效得分就可以了。

果断跳过"啃不动"的题目

在做题过程中，如果孩子遇到一道题研究了好长时间还没有找到解题思路，那么我们不妨鼓励他先跳过，尝试着先做简单的题，当所有会做的题目都做完了，再回过头来研究这道难题也不迟。这个时候，孩子可能会换一个思路，说不定很快就能找到合适的解题方法了。当然，这种方法绝不是让孩子一看到难题就跳过，而是要注意认真对待每一道题，力求效率。否则走马观花，见困难就躲的考试态度也很可能会影响他的考试情绪。

以"先易后难、先熟后生、先小后大"为原则

一般来说，孩子答题应该把握住"先易后难、先熟后生、先小后大"的原则，也就是说先做简单题、熟悉的题、小题，再做综合题、难题，这里的"小"主要指选择题、填空题、判断题。因为一般熟悉的题、简单的题、小题，孩子做起来更得心应手，并且可以在最短的时间内完成，这样他就可以留下更多的时间思考那些比较难的题目了。

教孩子解答难题的技巧

面对一道综合题时，孩子可能一时间不知如何下手。这时，我们可以教孩子把大题划分为几个小问题，并一步步写下对应的公式和步骤，能写一步是一步，因为如果写对了的话，每写一步，都能得到这一步的分数。所以，对于综合题和难题，我们要嘱咐孩子，千万不要轻言放弃。

我不会审题！

——教孩子学会仔细审题，看清题意再做

孩子在考试中容易出错，倒不是因为题目不会做，主要是太急躁了，还没看懂题意就下笔写，结果一做就错。但是如果孩子能养成认真审题的习惯，就能在很大程度上减少不必要的失分，准确率一定会相应地提高。

一位老师教学生学自然，小学的科学课其实很简单，对于一般的孩子来说，只要平时上课认真听讲了，成绩都不会太差。在一次期末考试中，老师发现很多学生都考到了八九十分，可唯独有3个学生不及格。

于是，老师把这3个孩子叫来询问原因，最后发现，这些题并不是他们不会做，而是他们根本就没读懂题目。当老师把题目念给他们听的时候，他们一个个都答了上来。

这3个孩子的问题在很多年龄较小的孩子身上都存在，因为他们的识字能力和理解能力都有限，所以理解有些题目就很困难。可见，读懂题目是孩子做题的前提，如果他连题目都读不懂，可想而知考试成绩也不会太理想。

当然，有些孩子识字能力和理解能力都没问题，可总是因为粗心大意理解错了题意，结果连解题的第一步都没写对，后面的解题过程和答案也就不可能对了。

可见，在考试过程中，仔细审题是孩子解题中非常重要的一步。那么，我们应该怎样培养孩子仔细审题的习惯呢？

培养孩子独立审题的习惯

在很多家庭中都有这样的镜头：父母站在一旁负责给孩子读题，孩子则坐在一旁专心地答。结果造成孩子的依赖性非常强，每次做作业的时候，都必须有父母在身边读题才行。事实上，孩子的这种学习习惯非常不利于培养他的审题能力。因为毕竟在考试的时候，我们不能站在他身旁给他读题，帮他分析题目的意思。而且对于低年级的孩子来说，我们帮他读题目，就相当于把题目替他解答了，完全起不到锻炼孩子的作用。因此，平时我们一定不要帮孩子代读题目，而是要慢慢培养他独立审题的习惯。

训练孩子的审题能力

对于很多刚上学的孩子来说，他们还不具备识字的能力，不能自己读题，这时就需要我们帮他识读题目。我们可以用手指指着题目读，然后让孩子跟着我们读一遍，这样的指读方法不仅能吸引孩子的注意力，还能加强他对文字的识读能力。读过一遍之后，我们可以试着询问孩子题目的意思，如果他没有理解，我们可以带着他再慢慢地读一遍，帮助他理解其中的意思，同时加深他对题目的印象。当孩子弄懂题意后，我们应该鼓励孩子再把题目读一遍，然后再开始做题。一般来说，题目读过3遍之后，孩子就基本理解其中的意思了。

让孩子学会读题

读题是审题的前提，只有反复阅读一道题，理解已知条件和问题的关系，才能理解其中的意思。一般来说，读题最好读3遍，第一遍要"通读"，要求读的时候一个字一个字地读，并将重点已知条件用笔勾画出来，对题的大意有一个基本的了解；第二遍要"精读"，善于抓住题目中的关键字、词、句，尤其要对数学术语或者重点字词有一个了解，比如，"同样多""多一些""几个""第几""少得多"分别是什么意思。第三遍要求做完题目之后，带着答案再读一读已知条件，验证一下自己是不是真正搞明白了题目的意思。

做完了，没事了！

——让孩子答题完毕后，重视检查、核对

很多孩子由于年龄小的缘故，并不理解考试的意义，只是把考试当成一种任务，认为试卷答完了就行了，并不在意试题做得对不对。结果在考试中，经常发生这样的现象：考试还没有结束，已经有个别学生交了试卷，纷纷从考场中走了出来。或者有些孩子在做完试卷后，开始摆弄手中的铅笔、橡皮，或者趴在桌子上睡觉。总之，很少有孩子会主动地去检查。

一个男孩平时学习成绩还不错。一次考试后，他自我感觉良好，觉得这次如果不出意外的话，考到95分以上应该不成问题。可成绩公布出来后，男孩傻眼了，才85分，到底怎么回事呢？男孩仔细地查看了一遍试卷，发现原来有一道大题自己忘了答。其实，在答试卷的时候，他就看到这道题了，可是觉得有一点儿难就先跳过，做别的题去了。后来，当答完其他题后，男孩早就把这道没做的题忘得一干二净了，而且他又从来没有检查试卷的习惯，所以做完之后，男孩交了试卷，就离开了考场。

看到这张只有85分的试卷后，男孩非常后悔，如果当初自己做完试卷后，再好好检查一下，就不会漏题了。

的确，如果男孩养成了检查试卷的好习惯，就不会漏题了。在生活中，为了避免孩子出现类似的情况，我们一定要让他重视检查这个环节，这样他才能减少不必要的失分。

检查是否有漏题的情况

"漏题"是孩子在考试中经常发生的事情，尤其是年龄小的孩子，因此，我们要嘱咐孩子在答完试卷后，一定要仔细地检查一遍，查看一下是否有漏题的情况发生，如果有，一定要及时补上。检查的时候最好按顺序检查，这样更利于发现漏掉的题。

教孩子检查数学试卷的方法

数学考试主要考查的是孩子的计算能力，因此，对于数学试卷，我们要让孩子重视检查计算这个环节。检查的方法是把题在草稿纸上重新做一遍，每做完一道题，就和卷子上的答案对照，如果结果一样，就说明这道题做对了。如果不一样，也不要急着改，而是要仔细检查草稿纸上的计算步骤，看看是不是验算出了问题，或者干脆再重新做一遍，看看和哪一个结果一样。总之，要确保第二遍的结果是正确的，再修改试卷上的答案。

此外，还要注意一些细节问题，比如，单位、括号有没有写全；画线段时，有没有标上线段的长度；画直角时，有没有标上直角符号等。

教孩子检查语文试卷的方法

对于数学试卷，可以通过重新计算或者验算的方式检查，可是语文试卷怎么检查呢？很多孩子就是因为不懂得如何检查语文试卷，所以检查的时候走马观花，粗略地把试卷读了一遍，结果什么问题都没读出来。这种检查方法无疑是没有意义的。因此，我们一定要教孩子掌握正确的检查语文试卷的方法，检查的时候，拼音、字的写法及标点符号的用法都要注意到。尤其是检查作文的时候，要多读几遍，看看有没有错别字，有没有语句不通顺的地方，如果有，一定要及时改正。

致 谢

特别感谢北京理工大学出版社领导的大力支持；感谢本书策划编辑秦庆瑞的信任与鼓励；感谢家人对我的理解与支持；感谢多年来给予我帮助的教育界的各位同人；感谢为本书的写作提供资料、给予指导、提出建议与意见、付出辛勤劳动的诸位老师，他们是周扬、翟晓敏、周雅君、雒真真、齐梦珠、张淑涵、施杭、梅梅、李俊飞等；感谢一直以来都关注我、给予我支持的家长朋友们。

同时，书中不足之处，冀望高明之士不吝赐教。谢谢你们！

鲁鹏程
2013 年